# 女性のための
# の不安、
# もやもや

# 相談Book

監修

キャリアコンサルタント
相田良子

ファイナンシャルプランナー
大竹のり子

# 今、何に困ってる？

同僚が家を買ったみたいでうらやましい。あーあ、うちは一生賃貸かなぁ
仕事も何もかも放り出して、南の島とかに行きた〜い！
産休明けの職場復帰が不安すぎる。子どもの体調不良で迷惑かけたらどうしよう
夫の給料はこれ以上増えないだろうし…うちはどうしてこんなにお金がないの？
老後資金2000万円必要なんて、絶対無理。宝くじ当たらないかな…
コロナのせいで週3しかシフトに入れない…。このままじゃ生活できない…

ぼんやりとした不安から、
明日の生活も大変な緊急事態まで、
お金や仕事の困りごとは人それぞれです。
昨今のコロナ禍で、お金や仕事の
状況がガラリと変わってしまった人も
いるでしょう。

困りごとが解決できれば、
今よりもっと豊かな生活を送れるし、
人生がもっと幸せに、楽しいものになる。
頭では理解しているけれど、
実際、どうしたらいいかわからない——
という人も少なくありません。

人生100年とも言われ、定年後
働く人も増えている今、
お金と仕事に対する向き合い方を
考え直す時期にきているのかもしれません。

転職したいけど、この年齢だともう難しいよね
もう1人子どもがほしいけど、教育費が心配だし諦めようかな…
やっと年金が受け取れる年齢になったけど、思ったより少ない。これからは節約に励まなきゃ
お迎え行って、買い物行って、ごはん作って、食べさせてお風呂…ワンオペ生活はもう限界!

# この先、暮らしはどうなる？

コロナ禍の影響など
世の中の出来事や
お金にまつわる
制度の改正により、
私たちのお金や仕事は
大きな影響を受けます。
世の中の流れに
翻弄されるばかりでは、
大事なものを守ることは
できません。

## 貯金だけでは老後資金が貯められない時代。資産運用が豊かさの分かれ目になりそう

人生100年と言われる今、長く続くリタイア後の経済面を考えると、資金が尽きないよう備えておく必要があります。銀行は超低金利、物価も上昇していく傾向は変わらない可能性が高いため、株式投資や投資信託などの資産運用で長期的に資産を形成していきましょう。目標は利回り3%。できるだけ若いうちから時間をかけて運用するのがポイントです。

## 副業を認める会社が増加。ライフワークバランスが問われる

政府が掲げる「働き方改革」をきっかけに、また、業績悪化から社員の生活を守るために副業を認める会社が増えました。そして、コロナ禍による収入減やリストラなどの影響で副業を始める人が多くなっています。仕事とプライベートの両立だけでなく、複数の仕事とのバランスを考える必要があり、個人のマネジメント力が問われています。

## 児童手当が廃止に？自分で貯める力が問われるように

中学生以下の子どもがいる世帯に給付される児童手当。扶養親族の人数によって所得制限があり、超えている世帯には特例給付がありましたが、2022年10月支給分から、世帯主の年収が1,200万円以上の場合はこの特例給付が廃止されることになりました。今後も内容が変更される可能性があり、自分で教育費を貯める必要性が高まっています。

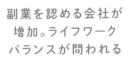

お金の話が苦手、
難しいことは
避けてしまう……という
気持ちもわかりますが、
正しい情報を得る力は、
これからの時代を生きる
ための必須スキルです。
毎月のやりくりに頭を
悩ませたり、日々の仕事に
一生懸命取り組んだり
することも大切ですが、
もっと長期的な目線で
物事をとらえて、
変化に柔軟に
対応していく心構えを
持ちましょう。

### コロナ後は増税が待っている？ 今後の流れに要注意

2019年に消費税が引き上げられましたが、さらなる増税が検討されているという話もあります。コロナ禍の経済対策により多額の国債が発行されたことなども一因のようですが、コロナ後の財政再建は大きな課題です。東日本大震災の「復興特別所得税」として所得税が2.1%増税されているように、所得税増額の可能性も。

### 日本の未婚率は上昇。シングルの人は、老後資金の準備がカギ

「少子化社会対策白書」（令和2年版）によると、生涯未婚率は男性23.4%、女性14.1%。2015年の国勢調査の結果に基づく推計では、今後も上昇が続くと予想されています。事実婚を選ぶカップルが増えるなど、結婚が当たり前の時代は変わってきています。独身の場合は自身の老後資金までしっかり考えておかなければなりません。

### 終身雇用が崩壊するらしい…正社員でも安心できない時代に

正社員であれば定年まで雇用し続けるという「終身雇用制度」。しかし、近年では成果主義、ITの進化による働き方の変化、多様な人材確保などにより、この制度が崩壊したと言われています。現時点では終身雇用の企業も多くありますが、この先もそれが続くとは限りません。副業や資産運用など、個人でその流れに備えておく必要があるでしょう。

# 困りごとを掘り下げてみると…

老後資金2,000万円
必要なんて、絶対無理。
宝くじ当たらないかな…

CASE 1

- □ 今の生活では貯金額が十分確保できない
- □ 収入が月に3万円アップすればいいのに
- □ 子どもの教育資金で手一杯で自分たちの老後のことまで考えられない
- □ そもそも、2,000万円ってなんの金額？
- □ 年金がいくら受け取れるかわからない

など…

夫の給料はこれ以上
増えないだろうし…
うちはどうしてこんなに
お金がないの？

CASE 2

- □ 毎月決まった額の貯金ができない
- □ 収入アップは絶対に見込めない？ 転職を考えたほうがいいかな？
- □ 収入に見合った生活ができていない
- □ 自分（妻）の収入を増やせたら…
- □ 副業で収入を少しでも上げられないかな？

など…

お迎え行って、買い物
行って、ごはん作って
食べさせて、お風呂…
ワンオペ生活はもう限界！

CASE 3

- □ 仕事と家事と育児をするとなると、絶対的に時間が足りない
- □ 夫が週2日でも定時で帰って来てくれたらいいのに
- □ 「料理を作る」ところだけでも誰かがやってくれたら…
- □ 人に頼ったり、子どもを預けたりするのに罪悪感がある
- □ 仕事を辞めたいけど、辞めたら家計が維持できない

など…

**掘り下げて考えてみると、「困りごと」が具体的になる！**

# お金と仕事は切り離せない！

3つの困りごとについて掘り下げて考えてみましたが、漠然とした困りごとの中に、いくつもの具体的な問題点が隠れていることがわかっていただけたでしょうか。こうして見てみると、お金の悩みだと思っていたことでも仕事がネックになっていたり、仕事の悩みだと思っていたことでもお金があれば解決したり、お金と仕事は密接に関わっているということがわかると思います。仕事はお金を得る手段なので当然ではあるのですが、仕事はお金だけでなく、やりがいや楽しさ、達成感など、その人の幸せに繋がるものを得られる手段でもあります。また、お金をどう使うかということは、その人がどう生きるかということでもあり、お金の貯め方・使い方、働き方、生活スタイルは、トータルでその人の人生の幸福度や豊かさを決めているということになります。

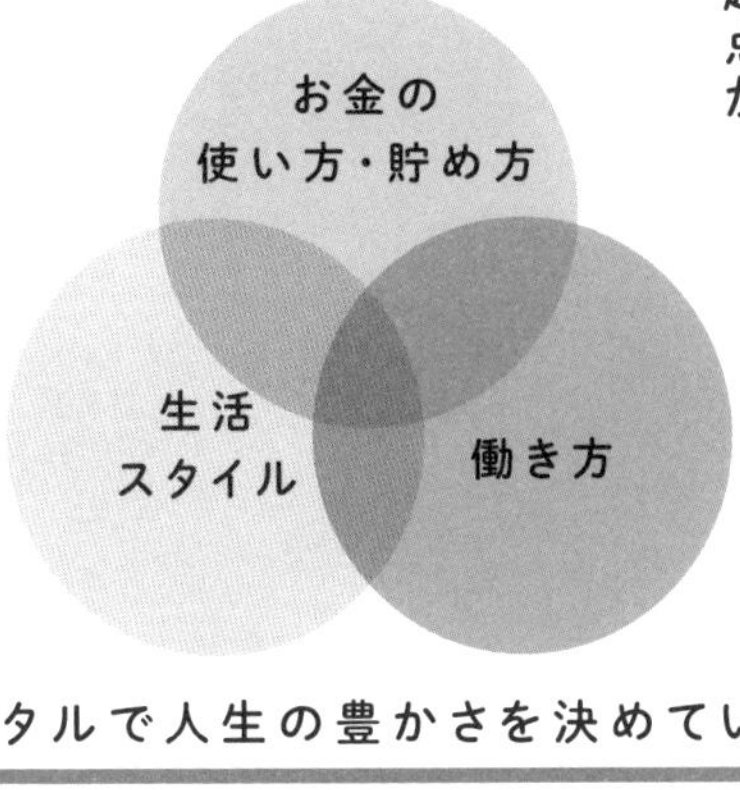


トータルで人生の豊かさを決めている！

# この本で解決策を見つけよう！

本書は、PART1「お金」とPART2「仕事」と2つの章に分かれていて、どちらも「困りごと」から自分に合った項目が選べるようになっています。お金と仕事の困りごとは密接に関わっているため、1つ解決すれば、するすると芋づる式に解決していくこともあり得ます。

前ページのCASE1〜CASE3の困りごとについては、左記を参考にしてみてください。漠然とした困りごとのままでは、解決策を見つけるのは困難です。掘り下げて考えると、今、やるべきことが見えてくるはずです。

**CASE 1**

- □ 今の生活では貯金額が十分確保できない →P.46参照
- □ 収入が月に3万円アップすればいいのに →P.122参照
- □ 子どもの教育資金で手一杯で自分たちの老後のことまで考えられない →P.24、P.34参照
- □ そもそも、2,000万円ってなんの金額？ →P.24参照
- □ 年金がいくら受け取れるかわからない →P.22参照

困りごとが
漠然としていると、
何をどうすればいいか
わからない…

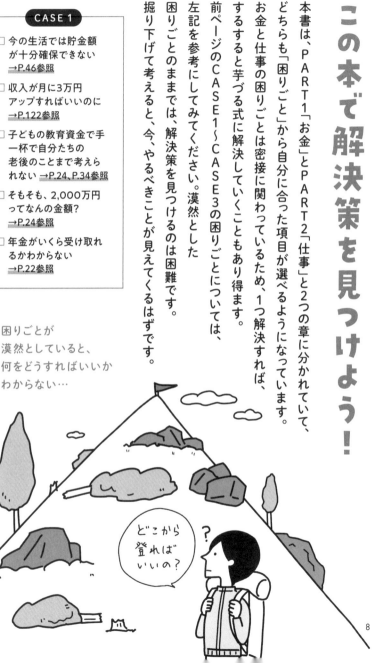

CASE 2

- □ 毎月決まった額の貯金ができない→P.42、P.46参照
- □ 収入アップは絶対に見込めない？ 転職を考えたほうがいいかな？→P.94参照
- □ 収入に見合った生活ができていない →P.48参照
- □ 自分（妻）の収入を増やせたら…→P.110参照
- □ 副業で収入を少しでも上げられないかな？→P.122、P124参照

CASE 3

- □ 仕事と家事と育児をするとなると、絶対的に時間が足りない→P.114、P.118参照
- □ 夫が週2日でも定時で帰って来てくれたらいいのに→P.120参照
- □「料理を作る」ところだけでも誰かがやってくれたら…→P.114参照
- □ 人に頼ったり、子どもを預けたりするのに罪悪感がある→P.114、P.116参照
- □ 仕事を辞めたいけど、辞めたら家計が維持できない→P.92、P.102参照

掘り下げて具体的にすることで、解決への道が見つかる！

# PART 1 お金

## 教えてくれるのはこの2人！

お金は衣食住のすべてに関わるもの。
その使い方は、生き方そのものを表していると言えます。
貯められない人に多いのは、お金の使い方が
行き当たりばったりだということ。
いくら使っているかも把握できていないし、
いくら貯金すれば安心かもわかっていないのです。
反対に考えると、それがわかれば貯められる
ようになります。家計簿をつけるなんて面倒だと
思うかもしれませんが、家計を把握してみると、
余計な出費が見えてきます。
毎月いくら貯金すればいいかわかるようになると、
淡々と決められた額を貯めればいいだけ。
迷う必要がなくなるのです。
できることから、1つずつ確実にやっていきましょう。

一緒に見直して、
貯める家計に
していきましょう！

ファイナンシャルプランナー
大竹のり子さん

# PART 2 仕事

バリバリ働きたい人、ほどほどに働きたい人、
できれば働きたくない人、仕事への想いは人それぞれ。
人と比べるのではなく、自分にベストな環境で
仕事ができることが何より大事です。
今、働きにくさを感じている人は、ぜひ、自分から
動いて働きやすい環境を見つけましょう。
受け身でいては、状況を変えることはできません。
私自身、子育てが一段落した40代から
パートを始め、7回も転職しています。
その経験を活かしてキャリアカウンセラーに
なりました。転職を考える方に伝えたいのは、
年齢や未経験を理由にして、
簡単に諦めないでほしいということ。
あなたを必要とする会社は必ず見つかります。

なぜ働くのかを
考えてみると、
自分に合った働き方が
見えてきますよ！

キャリアコンサルタント
相田良子さん

contents

PAY

## PART 2 仕事の悩みをクリアにする

## これからの職業図鑑

# 本書の使い方

## PART1・PART2

**困りごと**
お金や仕事の「困りごと」。あなた自身が困っていること、気になっていることからチェックしてください。

**解説**
困りごとに対して、どうすれば解決できるのか、その方法や考え方のヒントを紹介しています。

**体験談**
同じ悩みを抱えている人のリアルな体験談を集めました。共感できることがきっとあるはず！

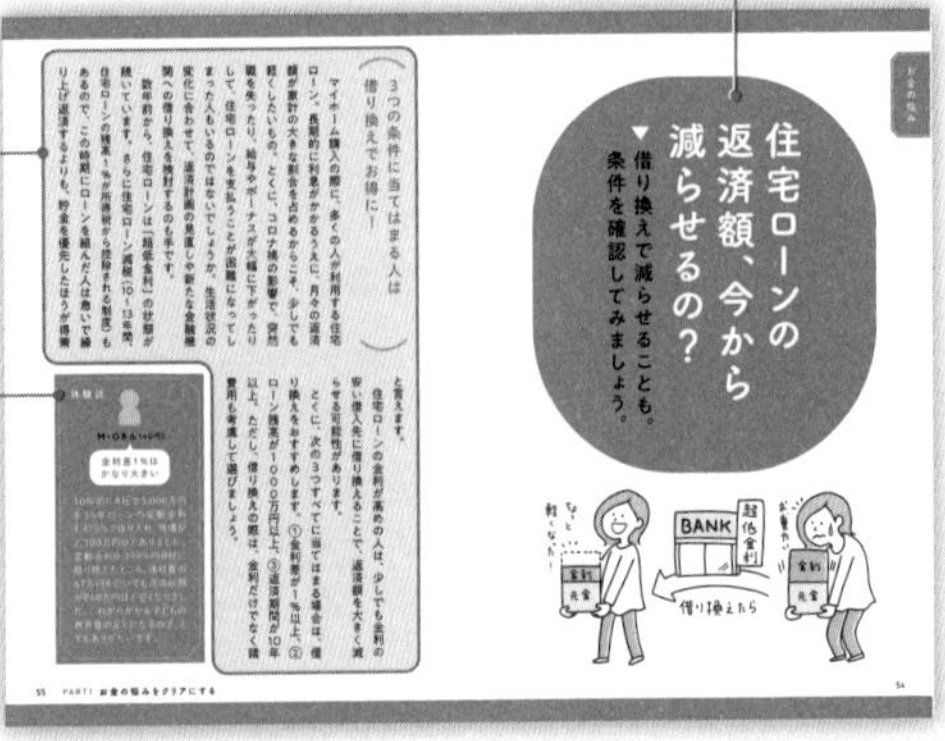
お金の悩み

住宅ローンの返済額、今から減らせるの？

▼借り換えで減らせることも。条件を確認してみましょう。



3つの条件に当てはまる人は借り換えでお得に！

マイホーム購入の際に、多くの人が利用する住宅ローン。長期的に利息がかかるうえに、月々の返済額が家計の大きな割合を占めるからこそ、少しでも軽くしたいもの。とくに、コロナ禍の影響で、突然職を失ったり、給与やボーナスが大幅に下がったりして、住宅ローンを支払うことが困難になってしまった人もいるのではないでしょうか。生活状況の変化に合わせて、返済計画の見直しや新たな金融機関への借り換えを検討するのも手です。

数年前から、住宅ローンは「超低金利」の状態が続いています。さらに住宅ローン減税（10～13年間、住宅ローンの残高1％が所得税から控除される制度）もあるので、この時期にローンを組んだ人は急いで繰り上げ返済するよりも、貯金を優先したほうが得策と言えます。

住宅ローンの金利が高めの人は、少しでも金利の安い借入先に借り換えることで、返済額を大きく減らせる可能性があります。

とくに、次の3つすべてに当てはまる場合は、借り換えをおすすめします。①金利差が1％以上、②ローン残高が1000万円以上、③返済期間が10年以上。ただし、借り換えの際は、金利だけでなく諸費用も考慮して選びましょう。

体験談

M・Oさん（40代）

金利差1％はかなり大きい

55　PART1　お金の悩みをクリアにする　54

## 職業図鑑

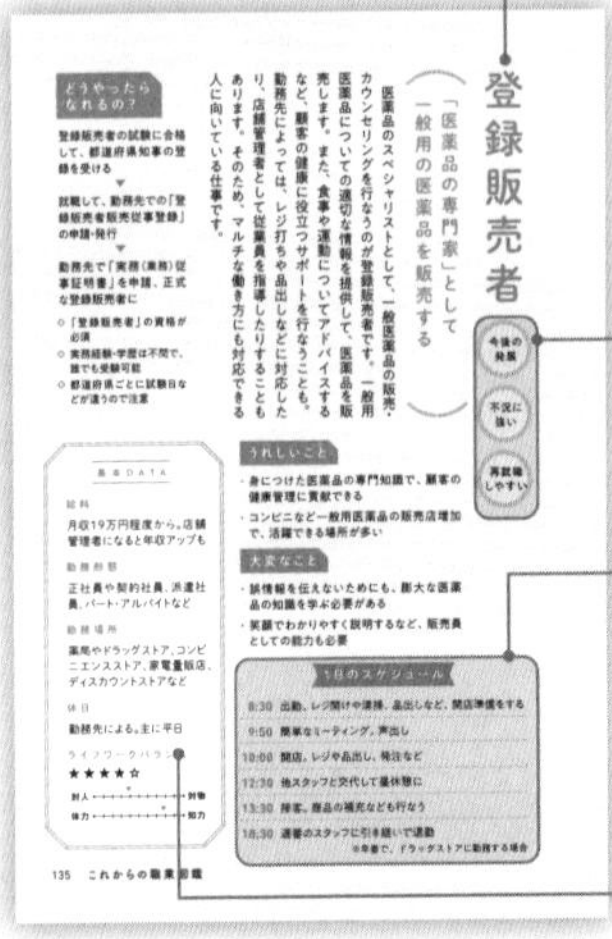
# 登録販売者

「医薬品の専門家」として一般用の医薬品を販売する

今後の発展　不況に強い　再就職しやすい

医薬品のスペシャリストとして、一般医薬品の販売・カウンセリングを行なうのが登録販売者です。一般用医薬品についての適切な情報を提供して、医薬品を販売します。また、食事や運動についてアドバイスするなど、顧客の健康に役立つサポートを行なうことも。勤務先によっては、レジ打ちや品出しなどに対応したり、店舗管理者として従業員を指導したりすることもあります。そのため、マルチな働き方にも対応できる人に向いている仕事です。

どうやったらなれるの？

登録販売者の試験に合格して、都道府県知事の登録を受ける
▼
就職して、勤務先での「登録販売者販売従事登録」の申請・発行
▼
勤務先で「実務（業務）従事証明書」を申請、正式な登録販売者に

- 「登録販売者」の資格が必須
- 実務経験・学歴は不問で、誰でも受験可能
- 都道府県ごとに試験日などが違うので注意

うれしいこと

- 身につけた医薬品の専門知識で、顧客の健康管理に貢献できる
- コンビニなど一般用医薬品の販売店増加で、活躍できる場所が多い

大変なこと

- 誤情報を伝えないためにも、膨大な医薬品の知識を学ぶ必要がある
- 笑顔でわかりやすく説明するなど、販売員としての能力も必要

基本DATA

給料
月収19万円程度から。店舗管理者になると年収アップも

勤務形態
正社員や契約社員、派遣社員、パート・アルバイトなど

勤務場所
薬局やドラッグストア、コンビニエンスストア、家電量販店、ディスカウントストアなど

休日
勤務先による。主に平日

ライフワークバランス
★★★★☆

対人 ―― 対物
体力 ―― 知力

1日のスケジュール

| | |
|---|---|
| 8:30 | 出勤、レジ開けや清掃、品出しなど、開店準備をする |
| 9:50 | 簡単なミーティング、声出し |
| 10:00 | 開店、レジや品出し、発注など |
| 12:30 | 他スタッフと交代して昼休憩に |
| 13:30 | 接客、商品の補充なども行なう |
| 18:30 | 遅番のスタッフに引き継いで退勤 |

※早番で、ドラッグストアに勤務する場合

135　これからの職業図鑑

**職業名**
女性に人気の職業、今後の発展が見込める職業などをセレクトしました。

**アイコン**
「今後の発展」「不況に強い」「再就職しやすい」の3項目について○△×の評価を入れています。

**1日のスケジュール**
その職業の1日のスケジュールの一例を紹介しています。

**基本DATA**
給料や勤務形態、勤務場所、ライフワークバランスがひと目でわかるようになっています。

PART

# 1

# お金の悩みをクリアにする

住みたい家、ほしい物、行きたい場所……
理想の未来を叶えるために必要なお金。
いくらあれば安心? もっと貯金を増やす方法は?
困りごとを1つずつ解決して、
未来を安心できるものにしましょう。

# とにかくお金のことが不安です

▼何が不安なのか、具体的に洗い出してみましょう。

いつもお金のことで不安！
もっとお金がほしい…
通帳

いくら必要かわかっていないと…

ああ…
不安…
給料
ボーナス

たとえお金が入ってきても
ずっと不安なまま！

## 今の家計と将来かかるお金を知ることが不安解消のカギ

人生という長い道のりを想像すると、お金はいくらあっても足りないような気がしてしまいますよね。「お金の不安」は、その人の状況によってさまざまです。まず、あなたが何に不安を抱いているのか具体的に考えてみましょう。

例えば、「毎月の食費が足りない」「子どもの習い事の費用がかさんでいる」「光熱費や税金が払えない」「貯金額が減る一方」「老後はいくらあればいいのかわからない」など。一度落ち着いて、自分が不安に思っていることを洗い出してみましょう。

さらに、この先のライフプランを描いておくことで、自分が人生で何を大切にしたいかなどの価値観も見えてきます。「こんな結婚式がしたい」「子どもは何人くらいほしい」「こんな家に住みたい」「老後はこんな生活がしたい」など。それによって、ライフステージごとにかかるお金も変わってきます。

昨今のコロナ禍で、先の見えない不安な状況で生活をしてみて、家族が健康で、住む家があって、食べるものに困らなければ、とりあえずは満たされていると感じた人もいるでしょう。自分や家族が叶えたい生活が最低限できていれば、必要以上に不安に思うことはないのです。

そのうえで、最初にやるべきステップは、目の前の家計の現状把握と長期的に必要な金額を知ることです。

家計簿をつけていない人は、ひとまず3カ月でいいので、自分の収入と支出を知ることから始めましょう（P42参照）。3カ月経って傾向がつかめれば、以後は無理に続けなくてもOK。家計の無駄を見直し、毎月一定額の貯金ができる体制づくりこそが、お金の不安解消への近道です！

# 老後、年金だけで生活できるの？

▼不可能ではありませんが、難しいでしょう。住居費の対策がカギです。

## 年金だけでは毎月3万円の赤字
## 受給額はさらに減る可能性も

現在、年金を受け取っている人の平均月額は、老齢厚生年金で14・6万円、老齢基礎年金（国民年金）で5・6万円ほど（厚生労働省「厚生年金保険・国民年金事業年報（2019年）」より）。今の30〜40代が年金を受け取る頃には、受け取り開始の年齢が引き上げられ、受給額は今よりもさらに減る見込みです。

下のグラフは、年金で暮らす世帯の1カ月の収支平均を表しています。夫婦世帯、シングル世帯ともに、約3万円の赤字が出ていて、公的年金だけでは生活できないことがわかります。

さらに、住居費がほぼかからない想定なので、家賃や住宅ローンを払い続けている人は、赤字分が増えます。住宅ローンは定年までに完済を目指し、賃貸派の人は家賃分を貯金しておくことが必須です。

**高齢無職世帯の1カ月の収支平均**

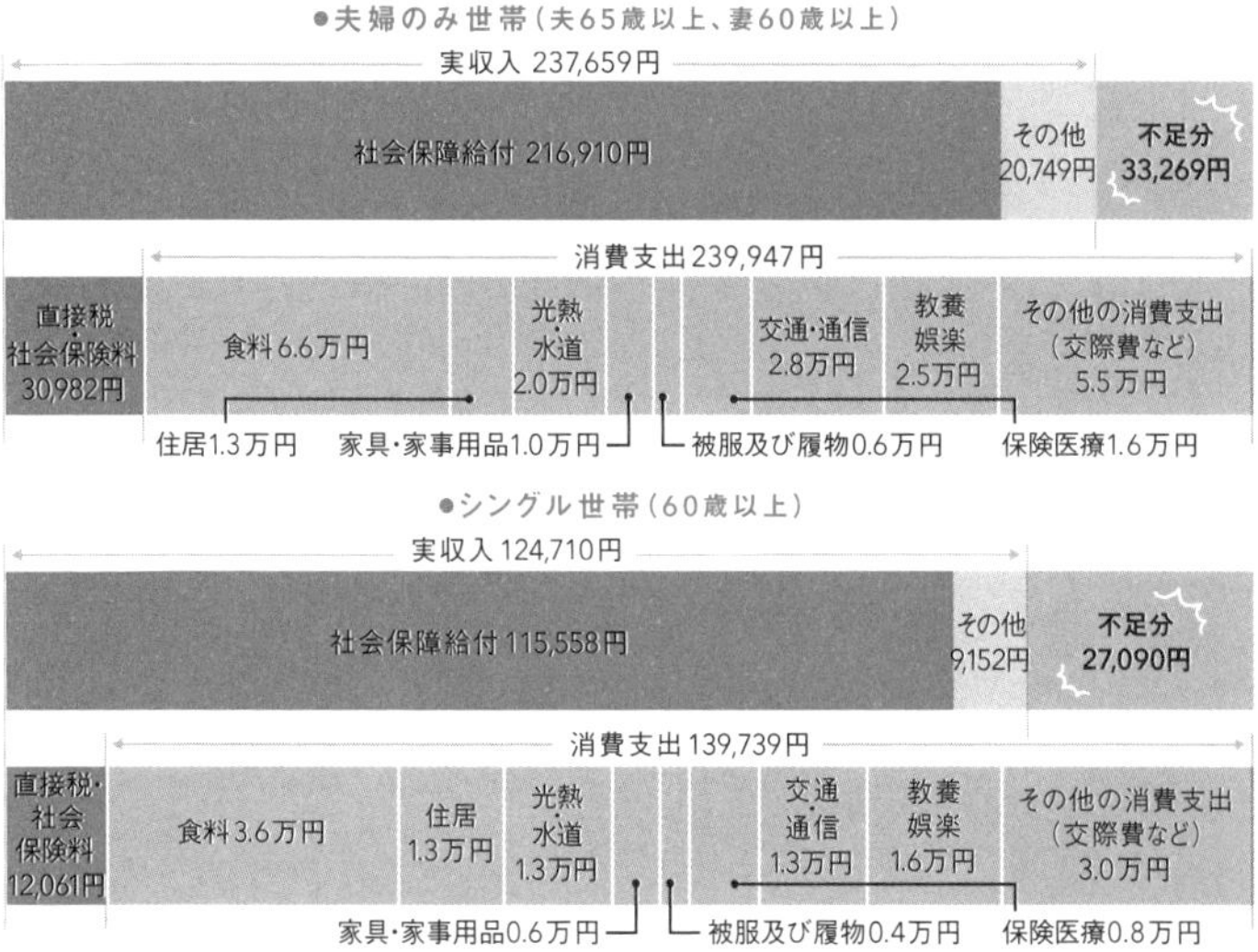


出典／総務省「家計調査年報（家計収支編）」家計の概要（2019年）

# 老後資金って、いくら必要なの？

▼ライフプランを練って自分に必要な額を割り出して。

孫にプレゼント
夫婦で旅行
やりたいことをするため計画的に！

## 夫婦なら3000万円 シングルは2000万円を目標に

年金暮らしをしている人の実態調査（P23グラフ参照）から、年金では足りない分の生活費が月に約3万円として、定年から亡くなるまでの25～30年間で計算すると900～1080万円不足になります。年金の受給額が減れば、もっと必要でしょう。さらに、持ち家に住み、ローンを完済していても、車や家の維持費と税金、自分の介護費用、親族の冠婚葬祭など、毎年さまざまな出費が発生します。

それらをふまえて、老後資金が不足するだろうという金融庁の試算に端を発した論争が「老後2000万円問題」です。P23のデータからもわかるように、この金額は決して絵空事ではありません。これは、老後に自分の思い描く生活を送り、やりたいことを自由にするために必要な金額です。

老後資金を貯めるのに役立つのが「自分年金」です。税控除が受けられる個人年金保険やiDeCo（個人型確定拠出年金）がおすすめです。会社勤めの人なら、給与から天引きされる財形年金貯蓄もよいでしょう。早いうちから老後のライフプランを練って、計画的に始めることで達成を目指せるはずです。

### おすすめの「自分年金」

- **財形年金貯蓄**
  勤務先で申し込み、給与から天引きされる制度。積み立て期間は5年以上。一定額まで利子が非課税になる。
- **個人年金保険**
  銀行や保険会社で加入。契約時に決めた年齢になると年金が支払われる。条件を満たせば、所得税の控除の対象になる。
- **iDeCo（個人型確定拠出年金）**
  自分で設定した掛金を拠出して積み立て、運用して資産を形成する制度。積み立てた年金資産は、60歳から受け取ることができる。
- **自動積立定期預金**
  銀行や信用組合などで申し込み。一定額を期間を決めて積み立てできる。元本割れのリスクはないが、金利は低め。ネット銀行などでは多少金利の高い商品も。
- **投資信託の積み立て**
  銀行や証券会社で申し込み。運用次第で受け取り額が増える可能性もあるが、元本割れのリスクも。

# 夫の収入が減って家計に大ダメージ!!

▼落ち着いて家計を把握し、対策を考えましょう。

## 支出を減らし、収入を増やす基本に立ち返って見直しを

会社が倒産したり、給料が激減してしまったりと、コロナ禍の影響を大きく受けた人もいるかもしれません。仕事を失った場合は速やかに失業給付を受け取る手続きをしましょう（P187参照）。収入減の場合は、公的な支援を受けられないか確認したうえで、生活を立て直す対策を立てていきます。

そのためにも、P42で紹介するような方法で家計を把握し、削れる部分は削っていきましょう。下に挙げたのは、コロナ禍の影響で収入が大幅に減った家計の例です。手取り月収が16万円減り、毎月10万8千円の赤字となっています。これを改善するには食費、通信費、日用品代、娯楽費、小遣い、雑費を削って赤字を補いたいところですが、10万8千円は少々難しいかもしれません。小遣いは夫のほうにしかありませんが、妻の個人的な買い物が生活費に紛れていないかもチェックしてみましょう。生活費と小遣いを一緒にするより、それぞれ金額を決めてその中でやりくりしたほうが無駄を減らしやすくなります。

子どもが中学生ということで、これから教育費が多くかかる時期でもあります。状況が許せば、妻もパートなどで働いたほうが長期的に見て望ましいでしょう。どんな状況でも、家計の現状把握をして立て直すための方法を考えることが大事です。

### コロナで収入が激減した家計の例

夫45歳（会社経営者）・妻42歳（専業主婦）・子ども1人（中学1年生）

手取り月収：……220,000円（もとは380,000円だった）

支出合計：328,000円

| | |
|---|---|
| 住居費（ローン返済中） | 94,000円 |
| 食費 | 80,000円 |
| 光熱費・水道代 | 21,000円 |
| 通信費 | 20,000円 |
| 日用品代 | 14,000円 |
| 教育費 | 13,000円 |
| 娯楽費 | 12,000円 |
| 小遣い | 30,000円（夫のみ） |
| 雑費 | 14,000円 |
| 保険料 | 30,000円 |

貯金……もとは52,000円貯金できていたが、今はマイナス108,000円

# お金が足りない！借金するしかないかも…

▼1人で悩まず、市区町村の窓口に相談を。

## 高金利な借金をすると赤字を悪化させる

「毎月家計が赤字続き」「予想外の出費で貯金がゼロに」「仕事がうまくいかなくなってしまった」。家計のバランスが崩れてピンチになったとき、一番やってはいけないことが安易な借金です。とくに、簡単にお金を貸してくれるところは金利が高く、赤字を悪化させます。どんなに焦っていても、返済のめどが立てられない借金はしないことです。

　取り崩す貯金がない場合は、不用品を売ったり、日雇いのアルバイトをしたりするなど、借金以外で現金を捻出する方法を考えましょう。

　並行して生活を見直す必要がありますが、それでもどうにもならない場合は、公的支援を受けられないか市区町村の窓口に相談しましょう。「生活福祉資金貸付制度」の総合支援資金には、生活再建のために必要と認められれば、無利子で60万円まで借りることが可能な「一時生活再建費」や一時的に資金が必要な人へ緊急の貸付である「生活支援費」、住宅の賃貸契約を結ぶ際に必要な経費が対象の「住宅入居費」があります。

　その他にも、コロナ禍が原因で生活が困窮している人を対象に、子育て世帯向けの特別給付金や、フリーランスや個人事業主向けの特別貸付などの公的支援が受けられる場合があります。1人で悩まずに早めに相談することが大切です。

**お金を借りる手段と金利例**

| お金を借りる手段 | 金利（年率） |
|---|---|
| 公的な貸付制度 | 無利子<br>保証人なしの場合　～3％ |
| 生命保険の契約者貸付 | 2～6％程度 |
| 銀行のカードローン | 1.5～15％程度 |
| 消費者金融のカードローン | 3～18％程度 |

公的制度はかなり生活が困窮していないと受けられない場合が多いので、生命保険に加入している人は契約者貸付がおすすめ。カードローンは借入金額が少ないほど金利が高くなります。

# もしものためのお金ってどれくらい必要？

▼月収6カ月分を目標に計画的に貯めましょう。

## 突然の収入ダウンに備える「生活防衛資金」

誰にでも起こりうる「もしも」の場合。病気や事故、失業も珍しくはありません。さらに、出産や育児、親の介護などで仕事を休まなければならない時期もあります。突然の収入ダウンに備えて、保険に入っておくのもいいですが、どんなケースにもすぐに対応できるのは現金です。「生活防衛資金」を貯めておきましょう。

生活防衛資金は、教育費や老後の資金など、使う目的が決まっている貯金とは別に貯めておく必要があります。まずは、最低でも月収の1カ月分を貯めるようにしてください。さらに自分と家族の「もしも」のとき、次の仕事を探して収入が安定するまでの間、生活を守るのに必要なお金として月収の6カ月分を貯めることを目標にしましょう。

## 雇用保険と労災保険のセット「労働保険」というサポート

職場で加入している雇用保険は、失業や休職の際に、公的支援を受けるためのものです。

失業した場合は、失業給付（P187参照）が受け取れます。離職理由によって受給期間は異なりますが、1日あたりの額は賃金の50～80％程度です。ただし、再就職の意思がある人に限られます。

育児や介護で休職している間は、育児休業給付や介護休業給付（P189参照）として、賃金の2／3程度を受け取ることができます。

また、労災保険は、仕事中や通勤中の事故、業務が原因で病気になったり、死亡したりした場合の補償制度です。雇用主が加入を義務づけられているので、従業員が保険料を支払う必要はありません。アルバイトやパートタイマーも補償の対象になります。

# カードの引き落としが毎月こわいです…

▼現金と同じ感覚で使えればカードはお得がいっぱい!

一括でお願いします

カードを上手に使う人

分割ならなんとか…!
じゃ、10回払いで!

カードに使われる人

## 1回払いが原則!
## カードを賢く使いこなして

クレジットカードのような後払い式のカードは、どのように活用するかがとても大切です。毎月の収入より多く使ってしまったり、現金ではためらいそうな高価なものまで買ってしまったりしていませんか?

クレジットカードは、現金と同じ感覚で使うのが基本です。どうしても使いすぎてしまう人は、使ったと同時に銀行口座から引き落とされる「デビットカード」にするのがおすすめです。

分割払いやリボ払いを選びがちな人は、高い金利で損をしています。支払いは原則1回払いにして、高額な買い物をするときだけ、金利のかからない2回払いを利用するようにしましょう。

賢く使えば、クレジットカードは現金払いよりもメリットがたくさんあります。現金をおろす手間や手数料がかからない、利用明細で支出管理がしやすい、そしてポイントが貯まりやすいことなどです。

普段使いのカードは、自分のライフスタイルに合った1枚を選びましょう。ポイ活(P62参照)でも紹介するように、日々の生活の中でポイントが貯まりやすいものがベストです。ネットショッピングをよく利用するなら楽天やＹａｈｏｏ!のカード、旅行によく行く人はマイルが貯まりやすいＡＮＡやＪＡＬの提携カードなど。ポイントの利用目的まで決めておくと、無駄なくポイントを活用できます。

### 使いすぎてしまう人におすすめ デビットカードとは?

クレジットカードのように支払いに使え、使ったらすぐに銀行口座からお金が引き落される即時払い式のカードです。
口座残高以上の買い物ができないので、使いすぎ防止になります。分割やリボ払いは不可で、申し込みの際の審査がないので簡単に作れます。アプリがあるものを選ぶと、利用履歴が確認しやすくて便利。

# 子どもを育てるってお金がかかるなぁ

## ▼大学進学に向けて400～500万円を目標に貯めるための仕組みづくりを。

## 〝貯めどき〟のコツコツ貯金で大学進学時に備える

国や企業が実施した子育てと教育にかかるお金の実態調査によると、子どもを１人育てるのに約２６００万円かかると言われています。その内訳は、日々の生活費（基本的養育費）が約１６００万円、幼稚園から大学までの学費が約１０００万円。ただし、学費はすべて国公立の場合で、すべて私立に行った場合の学費は約２１５０万円と倍以上になります。やりくりの考え方としては、生活費と高校までの学費を月々の収支からまかなって、一番お金のかかる大学の学費は４００～５００万円を目標に計画的に貯金します。

貯め方は、まず児童手当（０～３歳は月１・５万円、３歳～中学生は月１万円を受け取れる制度。所得制限あり）を使わずに貯金すること。そうすれば中学校卒業までの15年間で約１９８万円貯まります。それ以外に、比較的お金がかからない〝貯めどき〟となる０歳から小学校を卒業するまでの12年間に、仮に毎月２万円を教育費として積み立てると約２８８万円。合計で４８６万円貯めることができます。さらに、新制度の「幼児教育・保育の無償化」にあたる３～５歳の３年間は、本来かかるはずの幼稚園の費用や保育所の利用費分を教育費の貯金にまわす絶好のチャンスです。また、将来の教育資金のために保険に加入する場合は、返戻率が高く、保障内容がシンプルなものを選ぶとリスクが低いでしょう。

**大学にかかるお金（入在学費用のみ）**

（単位:万円）

| | 国公立 | 私立文系 | 私立理系 |
|---|---|---|---|
| 入学費 | 77.0 | 95.1 | 94.2 |
| 年間の在学費 | 115.0 | 152.1 | 192.2 |
| 4年間の在学費 | 460.0 | 608.4 | 768.8 |
| 4年間合計（入学費+4年間在学） | 537.0 | 703.5 | 863.0 |

出典/日本政策金融公庫「教育費負担の実態調査」（2020年度）

# 家を買うか、借りるか迷っています

▼メリットとデメリットを考えてベストな選択を。

# 暮らしの変化や老後を想定して自分に合った住まい選びをしよう

マイホームを購入するか、賃貸に住み続けるかは、人生における大きな決断です。お金の面だけで見れば、下の表のように家を買ったほうが人生トータルの金額は安く済む傾向にあります。

しかし、その人ごとの状況や価値観によって「最善の住まい」は違います。どちらにもメリット・デメリットがあるので、家族・仕事・老後などのライフプランと合わせて検討するのがよいでしょう。

家を購入するメリットは、ローンを完済したあとは老後の住居費がかからない点です。デメリットは、初期費用でまとまった資金が必要になる、転勤などの際に住み替えがしにくい、維持や修繕・管理にお金と手間がかかるなど。

賃貸のメリットは、家族構成の変化や仕事の都合に合わせて転居しやすい、維持費があまりかからないところ。デメリットは、老後も家賃を払い続けなければならないことなどです。いずれは親の持ち家をリフォームして暮らすつもりであるなどの理由で賃貸を選ぶ人もいます。お得さだけでなく、ライフプランや老後の生活も視野に入れて、自分に合った選択をすることが大事です。

**50年でかかる居住費比較**
**(東京郊外で3LDKに住む場合)**

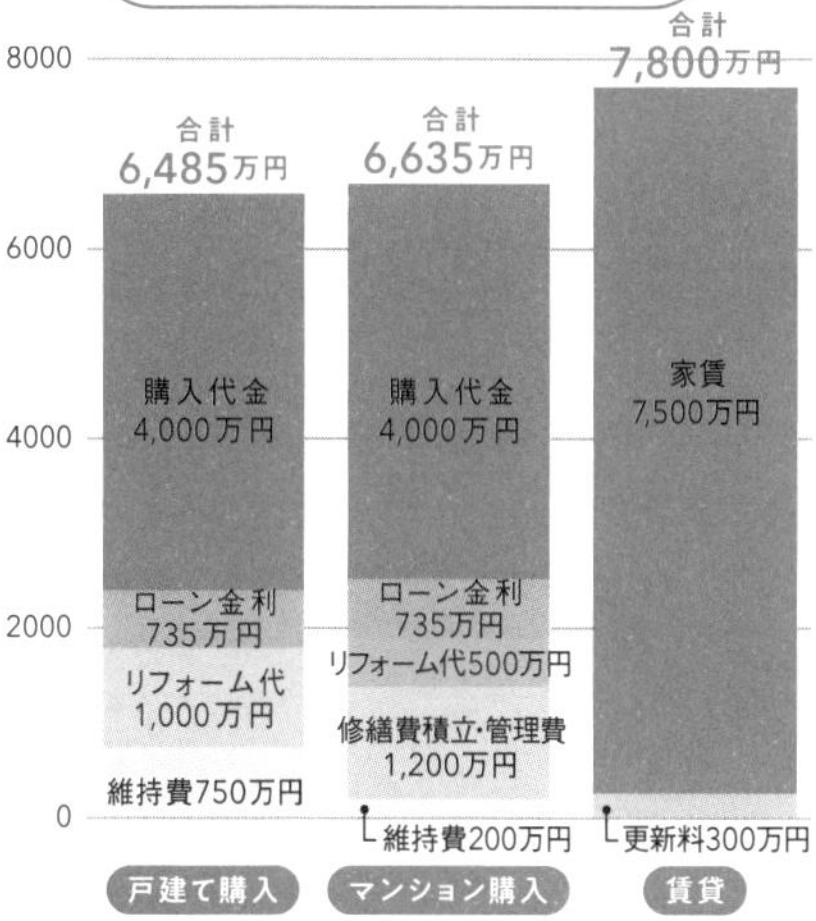


※購入の場合は購入代金4,000万円/ローン3,000万円(35年・1.3%)、マンションの修繕積立金・管理費は月2万円、維持費は戸建てで年15万円・マンションで5年ごとに20万円の例。
※賃貸の場合は家賃月12万5,000円/更新料2年ごとに家賃1カ月分の例。

# 親の介護費用って誰が払うの？

## ▼基本的には親の貯金で。元気なうちに話し合いを。

## 親の貯金を把握して家族カードを作っておこう

自分の子どもの教育費や老後の貯金もままならないのに、親の介護費用まで負担しなきゃいけないの？ と、不安に思っている人も多いでしょう。

親の介護費用は、親のお金でまかなうのが基本。そのためにも、親が元気なうちに家族で話し合っておきましょう。ある日突然、親が病気で入院することになったり、認知症で判断能力を失ってしまったりして、親名義の貯金を引き出せなくなって困ったという話をよく聞きます。親の貯金を把握して、代理人キャッシュカード（家族カード）を作っておくと安心です。

しかし、家族であってもお金の話はデリケート。親との関係性にもよりますが、話を切り出す際は「知り合いの親が病気で救急搬送されてお金のことで困った」というようなエピソードを添えるなど、伝え方を工夫して。確認するのは主に、資産（銀行の預貯金、保険証券、不動産、有価証券、クレジットカードなど）、公的年金とそれ以外の収入源があるか、そして負債（住宅ローンや借金など）についてです。

実際に介護にかかる費用は、公的介護保険が適用されるか、在宅介護と介護施設のどちらを希望するか、要介護度などによってさまざまですが、1年に100万円ほどかかるケースが多いようです。

### 介護にかかる費用

- 一時費用　**平均69万円**
  自宅改装や介護用ベッドの購入など。かかった費用はゼロという人も15.8%いる。

- 月々の費用　**平均7.8万円**
  介護を行なう場所別では在宅で4.6万円、施設で11.8万円。

- 介護期間　**平均54.5カ月（4年7カ月）**
  4～10年未満がもっとも多く28.3%、10年以上も14.5%いる。仮に介護期間を10年で計算すると介護費用は1,000万円を超える。

出典/生命保険文化センター
「生命保険に関する全国実態調査」
（平成30年）

ここまでのページを参考に、これから先の人生でかかるお金を計算してみましょう。
定期的に作り直すことが大事です。

| | | | | | | | | | | |
|---|---|---|---|---|---|---|---|---|---|---|
| | | | | | | | | | | |
| | | | | | | | | | | |
| | | | | | | | | | | |
| | | | | | | | | | | |
| | | | | | | | | | | |
| | | | | | | | | | | |
| | | | | | | | | | | |
| | | | | | | | | | | |

※このシートは20年分です。それ以降はコピーして使ってください。

| | | | | | |
|---|---|---|---|---|---|
| 夫の年収 | 400万 | 400万 | 410万 | 410万 | 450万 |
| 妻の年収 | 250万 | 250万 | 250万 | 250万 | 250万 |
| 年間支出予想 | 450万 | 700万 | 450万 | 500万 | 800万 |
| 年間貯金額 | 200万 | -50万 | 210万 | 160万 | -100万 |
| 合計貯金額 | 300万 | 250万 | 460万 | 620万 | 1200万 |
| 備考 | | | | | |

年収欄は、これから見込める収入を記入しましょう。増えるかどうかわからない場合は少なめに書いておくほうが安心です。貯金額はどれくらい貯金にまわせるかを考えて合計金額を書きます。

# ライフプランシートを作ってみよう

| 西暦 | | | | | | | | | |
|---|---|---|---|---|---|---|---|---|---|
| 家族の年齢 夫 | | | | | | | | | |
| 家族の年齢 妻 | | | | | | | | | |
| 家族の年齢 第1子 | | | | | | | | | |
| 家族の年齢 第2子 | | | | | | | | | |
| 家族のイベント 家や車にかかるお金 | | | | | | | | | |
| 夫の年収 | | | | | | | | | |
| 妻の年収 | | | | | | | | | |
| 年間支出予想 | | | | | | | | | |
| 年間貯金額 | | | | | | | | | |
| 合計貯金額 | | | | | | | | | |
| 備考 | | | | | | | | | |

## 書き方のポイント

| 西暦 | 2021 | 2022 | 2023 |
|---|---|---|---|
| 家族の年齢 夫 | 45 | 46 | 47 |
| 家族の年齢 妻 | 40 | 41 | 42 |
| 家族の年齢 第1子 | 12 | 13 | 14 |
| 家族の年齢 第2子 | 7 | 8 | 9 |

西暦と家族の年齢を書きましょう。家族の枠が足りない場合は、幅を狭くするなどして同居している全員の分を記入してください。将来家族が増える可能性がある場合も加えておくと安心です。

| | | | |
|---|---|---|---|
| 家族のイベント 家や車にかかるお金 | 車購入 200万 | 第1子 大学 入学 初年度 130万 | 夫 定年 |

「家族のイベント」「家や車にかかるお金」は、年齢に応じたイベント、家や車の使用年数によってかかるお金を書き込みます。

# 毎月いくら使っているか把握できていません

## ▼月に一度のざっくり家計簿から始めてみましょう。

## やり方簡単！　ざっくり家計簿で家計把握のハードルを下げる

家計を把握するには家計簿をつけることが基本ですが、「毎日つけるのは面倒」「以前つけてみたけど続かない」という声が多いのも現実です。また、クレジットカードやスマホ決済など、支払い方法の多様化により、いくら使っているかわからないという人もいるでしょう。そんな人は、「月に一度のざっくり家計簿」から始めてみてください。

買い物のたびにレシートやクレジットカードの利用控えをもらって、食費、交際費などざっくり決めた項目ごとクリアファイルなどに分けておきます。月末になったら、項目ごとにレシートを合算して、家計簿に記入すれば完了。どの項目にどのくらいお金を使っているかわかればいいので、１００円未満は切り捨てても構いません。

また、家計簿アプリを使えば、レシート画像を読み取るだけで項目ごとの合計額を出してくれたり、わかりやすくグラフ化してくれたりと大変便利です。

おおまかな家計が見えたら、お金をかけすぎている項目を意識して、買い物の際に「これは本当に必要かな」と考えるだけでも、無駄な出費が減らせます。手始めに、次ページの「家計書き込みシート」を活用してみてください。３カ月続ければ、家計の無駄を削って貯金にまわすコツがつかめてきますよ。

### ビギナーにおすすめの家計簿アプリ

- **おカネレコ**
シンプルな入力方法で家計簿が苦手な人におすすめ。支出が円グラフでわかりやすく表示されるので家計の見直しに◎。

- **らくな家計簿**
基本画面だけでさまざまな機能が使えて、家計簿初心者でもスムーズに操作できる。設定の自由度の高さが人気。

- **マネーフォワードME**
レシートの読み取り機能の他に、銀行口座やクレジットカードとも連携できて、家計簿の自動管理が可能。

# 家計書き込みシートを作ってみよう

**記入例（1カ月目）**　手取り収入 230,000 円　支出合計 220,000 円

| 項目 | 金額 | 評価 | |
|---|---|---|---|
| 住居費 | 70,000円 | ○ | |
| 食費 | 50,000円 | × | 外食が多かった |
| 水道・光熱費 | 20,000円 | ○ | |
| 交際費 | 10,000円 | ○ | |
| 被服・美容費 | 20,000円 | ○ | |
| 教育費 | 30,000円 | ○ | |
| その他 | 20,000円 | △ | |
| 貯金 | 10,000円 | △ | 食費を抑えて<br>5,000円増やしたい |

## 自分がお金を使う項目だけでOK

毎日家計簿をつけるのは大変。レシートを項目ごとに分類しておき、月末に合計金額を出すだけの「ざっくり家計簿」をつけてみましょう。この家計簿の目的は、自分がお金をどこに使っているかを把握することです。１円単位で節約することではありませんので、100円未満は切り捨ててOKです。

## 月末に自己評価をしよう

この家計簿で大事なのは、記入が済んだら、自分自身で評価をつけることです。上の記入例のように○△×などの記号でもよいですし、５段階評価や点数でも構いません。２カ月目以降は前月をもとに予算を立て、予算内におさめられたかを評価。それをまた翌月に活かしましょう。

## 1カ月目

手取り収入 ＿＿＿＿＿＿ 円　支出合計 ＿＿＿＿＿＿ 円

| 項目 | 金額 | 評価 | |
|---|---|---|---|
| | 円 | | |
| | 円 | | |
| | 円 | | |
| | 円 | | |
| | 円 | | |
| | 円 | | |
| | 円 | | |
| | 円 | | |

## 2カ月目以降

手取り収入 ＿＿＿＿＿＿ 円　支出合計 ＿＿＿＿＿＿ 円

| 項目 | 予算 | 金額 | 評価 | |
|---|---|---|---|---|
| | 円 | 円 | | |
| | 円 | 円 | | |
| | 円 | 円 | | |
| | 円 | 円 | | |
| | 円 | 円 | | |
| | 円 | 円 | | |
| | 円 | 円 | | |
| | 円 | 円 | | |



※ 3カ月目以降はコピーして使ってください。

# 毎月お金が残らず、貯金ができません

▼先取り貯金が絶対です。自動で貯まる仕組みづくりを。

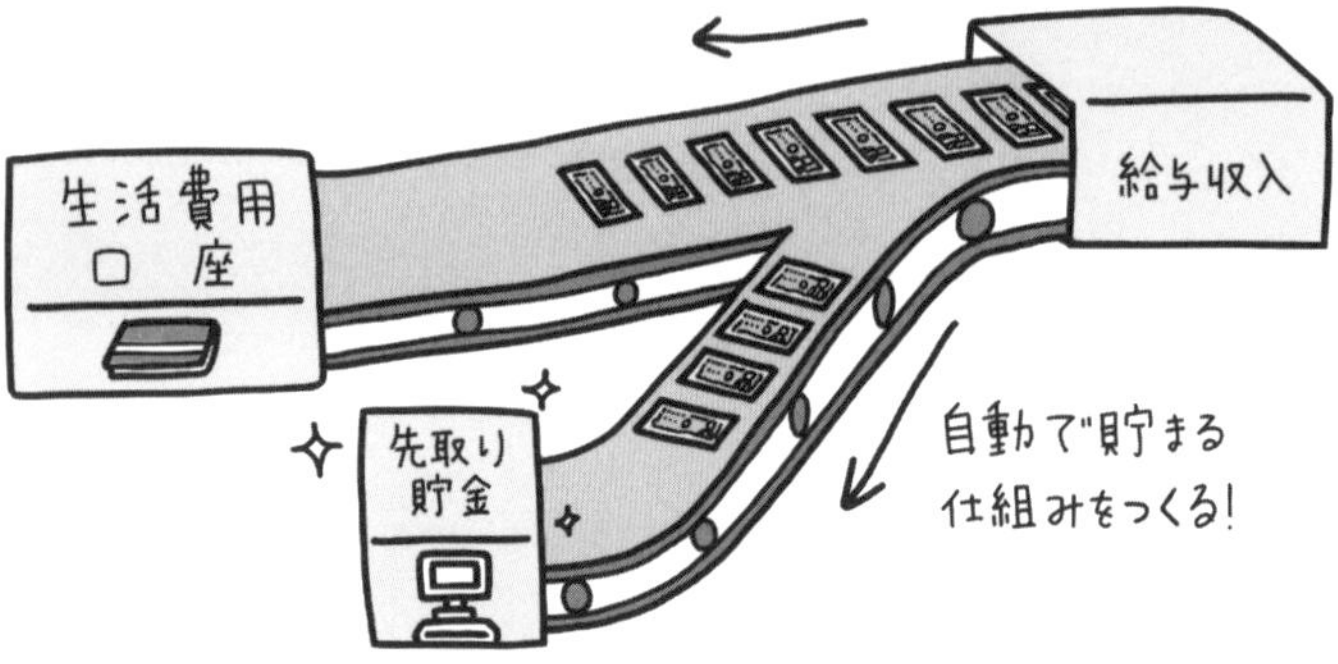

## 先取り貯金と貯金用口座で確実にお金を貯める

貯金ができない人の多くは、毎月の生活費から余ったお金を貯金にまわそうとしています。しかし収入にゆとりのある人でない限り、意識せずにお金を残すのはなかなか難しいもの。そこで、ぜひ試してほしいのが「先取り貯金」です。先取り貯金とは、毎月の収入から一定額を先に貯金し、残ったお金で生活するというもので、貯金に成功している人の多くが、この方法を実践しています。

まずは、給与が振り込まれたり、生活費の出し入れをしたりする「生活費用の口座」とは別に、「貯金用の口座」をつくりましょう。口座を分けてお金を管理することで、お金の流れが把握しやすくなります。貯金用口座には、ＡＴＭ手数料がかからない、比較的金利が高いなどのメリットがあるネット銀行もおすすめです（P64参照）。

先取り貯金の金額は、月々の手取り収入の約2割が理想。銀行の「自動入金サービス」を利用して、指定した金額が毎月自動で貯金用の口座に入金されるようにすると確実です。

「今はそんな余裕ないよ……」と思う人もいるかもしれませんが、現在の生活で精一杯であれば5000円でもいいのです。家計簿で支出の無駄を見つけて、少額ずつでも貯金ができると、突然の出費に対応できたり、何かを始めたいと思ったときの資金になったりと将来の可能性が広がります。

また、勤め先などで給与から積み立て分が天引きされる「財形貯蓄」も先取り貯金として活用できます。先取り貯金にまわせるお金が増えてきたら、投資信託（P78参照）での積み立てや老後の年金の足しになる「自分年金」（P25参照）など、用途に分けて上手に貯金できるようになるとベストです。

# 家計の見直し、何から始めればいいの？

▼我慢しなくていいもの、効果が継続するものから見直しを。

## 金額の大きな固定費は効果大！ストレスなく節約できる

家計の無駄をなくすために優先的に見直すべきなのは、①金額が大きいもの、②継続するもの、③我慢しなくてよいもの、という3つの条件を満たしたものです。節約が必要になると、より安いものを買ったり、ほしいものを我慢したり、節電や節水することを考えがちですが、それらは成果が少ないうえに楽しくないので続きません。何より効果的なのは毎月一定額ずつ支払っている「固定費の見直し」です。

まずは金額の大きな固定費。例えば、住居費、水道・光熱費、通信費の基本料金、保険料などから着手しましょう。これらは一度変えてしまえば、毎月継続して大きな節約に繋がります。住居費は、持ち家の人ならば住宅ローンを見直したり、賃貸の人ならば、引っ越しをすると費用がかかるので、更新時に家賃の値下げ交渉をしてみるのも手です。近隣の相場を調べて、具体的に交渉すると効果的でしょう。

次に、金額の小さな固定費も見直しましょう。例えば、使っていない有料アプリや動画配信サービス、年会費のかかるクレジットカードなどです。毎月数百円でも、年間にすると数千円の節約になります。使うものを厳選して、あとは今すぐ解約しましょう。

### 固定費の例

| 大きな固定費 | 小さな固定費 |
|---|---|
| ●住居費<br>家賃の値下げ交渉<br>住宅ローンを見直す<br><br>●水道光熱費<br>電力会社を変える、<br>アンペア(A)数を<br>下げる<br><br>●通信費(P56参照)<br>キャリアや<br>プランを変更する<br><br>●保険料(P52参照)<br>保障内容がかぶって<br>いないか見直す | ●クレジットカード<br>の年会費<br><br>●月額有料アプリ<br><br>●サブスクリプション<br>(定額制の<br>動画や音楽配信<br>などのサービス、<br>食品や飲料の<br>定期配達など)<br><br>あまり使っていない<br>ものは思い切って<br>解約する！ |

# モデルケース

家計を把握したら、見直すことが大事です。4つのケースへのアドバイスを参考にして。

CASE 3

### 夫40歳（正社員）・妻39歳（正社員・看護師）・子ども2人（小学2年生、保育園（2歳））

収入は少なくないものの、夫婦ともに忙しく、外食やデリバリーが多め。休日はパッと遊びにお金を使ってしまうことも。

手取り月収:470,000円（夫250,000円 妻220,000円）
支出合計:450,000円

| | |
|---|---|
| 住居費（ローン返済中） | 135,000円 |
| 食費 | 75,000円 |
| 光熱費・水道代 | 26,000円 |
| 通信費 | 23,000円（キッズケータイ、家のWi-Fi含む） |
| 日用品代 | 12,000円 |
| 教育費 | 40,000円 |
| 娯楽費 | 30,000円 |
| 小遣い | 60,000円（夫30,000円、妻30,000円） |
| 雑費 | 20,000円 |
| 保険料 | 29,000円 |
| 貯金（児童手当除く） | 20,000円 |

#### アドバイス

まずは教育費の積み立てをきちんとしておきましょう。大学入学までに、児童手当（現在は月25,000円）と毎月3~4万円を貯金するイメージです。そのために、食費や通信費、夫婦の小遣いなどを少しずつ見直してみてはいかがでしょうか。とくに、子どもが3歳~小学生のうちは比較的お金がかからない“貯めどき”なので、教育費用の積立型保険や自動積立定期預金などで、確実に貯まる方法を検討してみてください。

CASE 4

### 独身・47歳（正社員）・1人暮らしの女性

シングル向けのマンションを購入、ローンはあと10年ほどで払い終わる予定。今後病気になる可能性や、親の介護が不安。

手取り月収:390,000円　支出合計:300,000円

| | |
|---|---|
| 住居費（ローン返済中） | 108,000円 |
| 食費 | 50,000円 |
| 光熱費・水道代 | 9,000円 |
| 通信費 | 10,000円 |
| 小遣い | 40,000円 |
| 被服・美容代 | 25,000円 |
| 雑費 | 18,000円 |
| 保険料 | 40,000円 |
| 貯金 | 90,000円 |

#### アドバイス

ご本人は不安に感じているようですが、客観的に見れば優秀な家計だと思います。マンションのローンを57歳で完済できたら、一気に貯金にまわせる額が増えますし、老後の住まいの確保ができていることで、老後資金が少なく済みます。ご両親の介護に関しては、今のうちからきちんと話し合って、親の貯金でまかなえるのか確認しておくのがおすすめです。

# 家計の見直しポイント

## CASE 1

### 夫37歳（正社員）・妻35歳（パート）・子ども1人（小学1年生）

夫の収入は今後ほとんど増えそうもない。赤字の月もあり、ボーナス（20万円が2回）でなんとかカバーしており、教育費の貯金が課題。

手取り月収:290,000円（夫190,000円 妻100,000円）
支出合計:301,000円（11,000円の赤字）

| | |
|---|---|
| 住居費（賃貸） | 75,000円 |
| 食費 | 58,000円 |
| 光熱費・水道代 | 23,000円 |
| 通信費 | 23,000円 |
| 日用品代 | 5,000円 |
| 教育費 | 15,000円 |
| 娯楽費 | 10,000円 |
| 小遣い | 30,000円（夫20,000円、妻10,000円） |
| 雑費 | 9,000円 |
| 保険料（医療保険、終身保険、学資保険、自動車保険） | 53,000円 |
| 貯金 | 0円 |
| 赤字 | 11,000円 |

#### アドバイス

まずは毎月3万円など決まった額を先取り貯金する仕組みをつくりましょう。通信費は、プランの見直しや乗り換えで1万円ほど下げられる余地があります。光熱費は電力会社の見直しが効果的。食費は収入の15%を意識してやりくりしてみましょう。そして、保険料の割合が大きいのも気になります。将来のための積み立てともしもの保障に分け、内容が最適かどうか見直しましょう。

## CASE 2

### 独身・35歳（契約社員）・1人暮らしの女性

今後結婚するかもしれないし、しないかもしれない。将来のために貯金をしなければと思うが、気づけばほとんど使ってしまっている。

手取り月収:198,000円　支出合計:183,000円

| | |
|---|---|
| 住居費（賃貸） | 70,000円 |
| 食費 | 40,000円 |
| 光熱費・水道代 | 8,000円 |
| 通信費 | 13,000円 |
| 小遣い | 20,000円 |
| 被服・美容代 | 20,000円 |
| 雑費 | 12,000円 |
| 貯金 | 15,000円 |

#### アドバイス

結婚してもしなくても、老後資金は必要なので、毎月の貯金は少しでも多くしたいですね。食費や被服・美容代から少しずつ捻出することで5,000円単位でも貯金を増やせるといいですね。突然収入が途絶えてしまうケースも想定して、給与の3カ月分の貯金は早めに確保しておきましょう。最低限の医療保険への加入も。1人で生きていく可能性を考えて、しっかり貯金をする意識が大切です。

# うちの保険料、なんか高すぎるかも…

▼必要以上に払っていないか定期的にチェックしましょう。

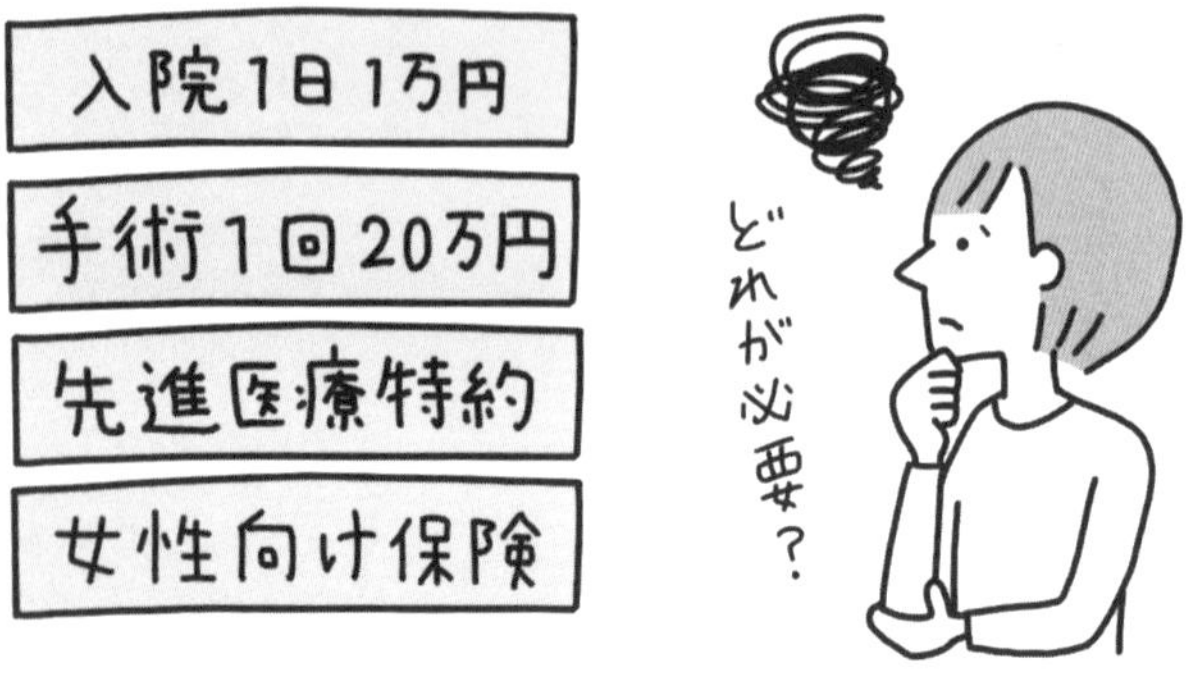

# 保険は必要最低限でＯＫ
# もしものときには貯金で備える

病気やケガ、事故などは、誰にでも起こりうることですが、「もしも」に備えて毎月高い保険料を払い続けるのは考えもの。ライフステージごとに必要な保障内容は変化します。「今、何に備える必要があるか」を考えて、必要最低限の保障にすることをおすすめします。

前提として、私たちは公的な保険（健康保険、国民健康保険、年金など）に加入しており、医療費においては自己負担額の上限が決まっています。さらに、勤め先の福利厚生による保障（雇用保険、労災保険など）が受けられる場合もあります。ですから、医療保険は、入院日額５０００円給付の掛け捨て型でも十分とも言えます。

結婚、出産など家族が増えたタイミングで、その家計を支える人に対して死亡保障がついた生命保険の加入を検討しましょう。また、住宅購入の際には、住宅ローンの契約者に万が一のことがあった場合に、残りのローンが弁済される保険（団体信用生命保険〈団信〉）に入るのが基本です。あれもこれもと保障を手厚くするより、どんな事態にも対応できるよう貯金をしておくことが大事です。また、保険は数年ごとに見直して、ライフステージに合った内容にしましょう。

**ライフステージごとの必要な保険**

| | |
|---|---|
| 就職 | 掛け捨ての医療保険のみでOK |
| 結婚 | 家族にもしものことがあった場合の生命保険など |
| 出産 | 生命保険の増額や教育費用の保険など |
| 住宅購入 | 団信、火災保険、地震保険など |
| 子どもの独立 | 扶養義務がなくなると必要な保険額が下がる |

# 住宅ローンの返済額、今から減らせるの？

▼借り換えで減らせることも。条件を確認してみましょう。

## 3つの条件に当てはまる人は借り換えでお得に！

マイホーム購入の際に、多くの人が利用する住宅ローン。長期的に利息がかかるうえに、月々の返済額が家計の大きな割合を占めるからこそ、少しでも軽くしたいもの。とくに、コロナ禍の影響で、突然職を失ったり、給与やボーナスが大幅に下がったりして、住宅ローンを支払うことが困難になってしまった人もいるのではないでしょうか。生活状況の変化に合わせて、返済計画の見直しや新たな金融機関への借り換えを検討するのも手です。

数年前から、住宅ローンは「超低金利」の状態が続いています。さらに住宅ローン減税（10～13年間、住宅ローンの残高1％が所得税から控除される制度）もあるので、この時期にローンを組んだ人は急いで繰り上げ返済するよりも、貯金を優先したほうが得策と言えます。

住宅ローンの金利が高めの人は、少しでも金利の安い借入先に借り換えることで、返済額を大きく減らせる可能性があります。

とくに、次の3つすべてに当てはまる場合は、借り換えをおすすめします。①金利差が1％以上、②ローン残高が1000万円以上、③返済期間が10年以上。ただし、借り換えの際は、金利だけでなく諸費用も考慮して選びましょう。

**体験談**

**M・Oさん（40代）**

金利差1％はかなり大きい

10年前にA社で3,000万円を35年ローンの変動金利1.475％で借り入れ、残債が2,300万円ほどありました。変動金利0.399％のB社に借り換えたところ、諸経費の67万円を引いても返済総額が260万円ほど安くなりました。これからかかる子どもの教育費の足しになるので、とてもありがたいです。

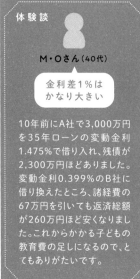

# 通信費はどうするのが一番お得？

▼乗り換えやプラン変更で大幅削減も可能です。

## 格安プランなどで、スマホの通信費は月３０００円以下に

家の固定電話だけだった時代に比べて、家族みんながスマホを持ち、家にもインターネット回線を引くようになって、通信費が多くかかるようになりました。「スマホ代をとにかく安くしたい」という人は、月額費用（料金）が安い「格安スマホ」に乗り換えるのが一番効果的です。格安スマホは、大手キャリアから通信回線を借りていること、店舗での対面サービスを行なわないことなどから、安い料金設定が可能になっています。

最近では、大手キャリアも格安料金プランやサブブランドを売り出し始め、さらに他社へ乗り換える際の規制（契約期間や違約金など）が緩和されたことで、通信費を見直しやすくなっています。

例えば、スマホ利用料を月に７０００円以上支払っている人が、同じキャリアの格安プランに変更し、月３０００円以下にすることができたら、年間にすると約５万円の節約に繋がります。ただし、今まで使っていたサービスや保障が受けられないといった場合もあるので、安さと使いやすさの両方の視点で選ぶことが必要です。

### 大手キャリアのサブブランド比較

| プラン名（キャリア） | 月額 | データ容量 | 通話（5分以内かけ放題） | 特徴 |
|---|---|---|---|---|
| ahamo（ドコモ） | 2,970円 | 20GB | 無料 | 海外でデータ通信が可能 |
| povo（au） | 2,728円 | 20GB | +550円 | +220円で24時間データ使い放題 |
| LINEMO（SoftBank） | 2,728円 | 20GB | +550円 | LINEアプリは容量制限なしで使い放題 |
| UN-LIMIT VI（楽天モバイル） | 2,178円 | 20GB | アプリ利用でかけ放題 | データ利用量により料金が変動。1GBまで0円、3GBまで1,078円。エリアにより繋がりにくいことも |

※2021年9月現在の情報です。

# 1円でも安く買うのが買い物上手ですよね？

▼時間と労力を考えて賢く買い物しましょう。

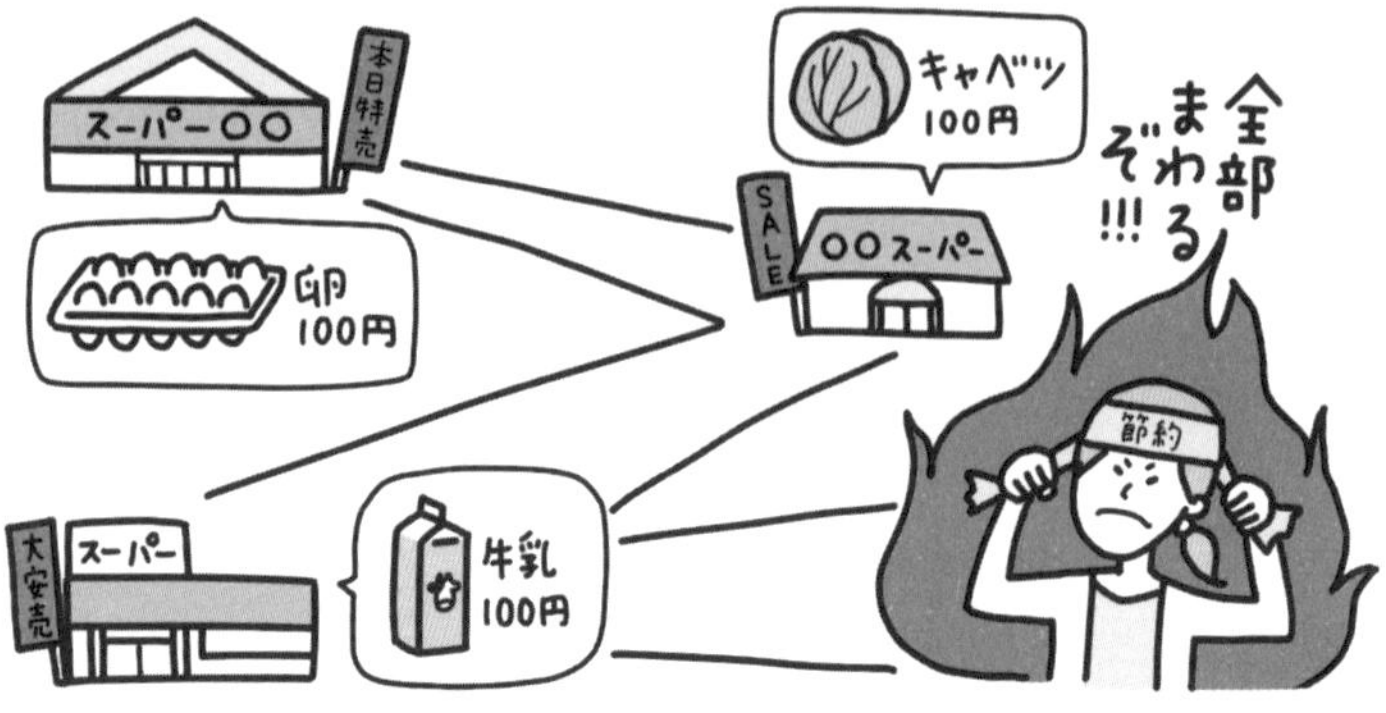

## 苦労して安いものを買うより買い物の回数を減らそう

節約しようとしたとき、より安いものを買うためにスーパーをはしごしたり、遠くの店まで行ったりするのは時間と労力のわりに効果が薄いかもしれません。それよりも、お昼のお弁当や作り置きおかずを作ったり、水筒を持ち歩くようにしたり、1週間分の献立を考えてから買い物に行ったりするほうが効率的な節約に繋がります。

家計簿をつけてみると、必要のないものを買っていることに気がつきませんか？　コンビニに行く回数を減らしたり、安いからと不要なものまで買ったりするのをやめると無駄な出費を防げます。また、食材をまとめ買いするのは、使いきれず腐らせてしまったり、消費スピードが上がってしまったりする恐れがあるのでおすすめできません。

## 好きなことにはお金をかけるメリハリある出費を心がけて

日々の節約は、まず固定費を見直したうえで、ストレスがたまらず、楽しくできる方法を考えましょう。なんでも我慢するのではなく、好きなことを1つ決めて、それには一定の範囲でお金を使ってもOKにするのです。美容やファッション、コンサートなど、自分の好きなことにお金がかけられると日々の生活の励みになります。それ以外の部分でしっかり節約をして、出費全体でバランスが取れていれば問題ありません。なんとなくでお金を使うのはやめて、メリハリのある出費を目指しましょう。

また、買うときに値札を見ずに金額を予想し、予想より高かったら、金額ほどの価値を感じなかったのだと買うのをやめてみて。ゲーム感覚でなんとなく買ってしまうことを防げるのでおすすめです。

# アップテクニック

普段の生活の中で使えて、
確実にお得になるものばかり。
今すぐ始めてみましょう！

## フリマアプリで不用品をお金に換える

家にある不用品は、捨てずにフリマアプリに出品しましょう。女性ファッション用品やベビー用品の需要が高く、ゴルフセットや家電などは高値がつくことも。購入の決め手になる写真は明るくきれいに、商品の状態が伝わるように撮るのがコツ。なかなか売れないときは、値引きをしたり、新たに出品し直すテクも。

## サブスクを上手に使いこなす

サブスク（サブスクリプション）とは、定額制でコンテンツやサービスが使い放題になるシステムのこと。Huluなどの動画配信や、Apple Musicなどの音楽配信が有名ですが、今や多様なサブスクが登場。洋服やコスメ、家具、家電まで月単位の契約で借りられます。また、飲食店や美容院などでも定額制のサービスが増えています。

例えば…

**メチャカリ**

月額3,278円～
洋服や小物がすべて新品で
借りられる。買取も可

**楽天RAXY**

月額2,480円
毎月おまかせで旬のコスメや
スキンケア用品が届く

## スマホアプリのクーポンで毎日お得に♪

よく利用するお店の公式アプリをダウンロードしていますか？　毎週のチラシが見られたり、ポイントが貯まったりするだけでなく、定期的に割引クーポンをゲットできることもあります。コンビニやドラッグストアはもちろん、ガソリンスタンド、アパレルショップでのアプリ会員の特別値引きなどもあります。
さらに、LINEクーポンは、大手チェーン店をメインに、さまざまな業種のクーポンを毎日配信。クーポンビジネスの老舗ホットペッパーにもビューティーとグルメの2つのアプリがあり、クーポンを使いながらお店の予約ができて便利です。

# 気軽にできる節約・収入

## 今よりも安い電力会社を選ぶ

2016年の電力自由化によって、消費者が電力会社を選べるようになりました。これにより、多くの企業が大手電力会社よりも安い料金設定で電力販売に参入。つまり、電力会社を乗り換えるだけで、ラクに節約できるということ。ちなみに、送電設備はどこと契約しても同じなので、電気の質が落ちる心配はありません。

ネットで簡単に
シミュレーション＆
申し込みが
できる！

## シェアリングサービスを利用する

シェアリングサービスとは、共同でモノや場所を使うシステムで、代表的なのがカーシェアリングです。車を所持すると、購入費の他に結構な維持費がかかります。月に数回使う程度で、近くにカーステーションがある人にはおすすめのサービス。週末の買い物や家族の送迎などの短時間利用なら、レンタカーよりも手軽でお得です。

カーシェアの料金例…

**タイムズカー**

入会時1,650円（会員カード発行料）
月額基本料880円
（利用料金として使える）

**ベーシッククラス**

+220円／15分
※ガソリン代・保険料込み
（2021年9月現在）

## 金券ショップで株主優待券をゲットする

株主になるともらえる株主優待券は、割引率が高くてとってもお得。実は、株主にならなくても金券ショップやフリマアプリなどで手に入れることができます。よく利用する家電量販店のお買物券や、レストランのお食事券をゲットすれば、大きな節約に！ さらに、割引航空券やアミューズメントパークのチケットなど、旅行やレジャーに使えるものもたくさんあるので、早めに手に入れておくとお得に楽しめます。今はネットオークションや金券ショップのネットストアでも探すことができるので、こまめにチェックしてみましょう。

# ポイ活ってどうお得なの？

▼苦にならないならぜひ。種類を絞って貯めるのがおすすめ。

クレジットカードで
チャージ済
PAY払いで
お店のカードもあります
サッ
サッ
ポイント3重取り…！

## 共通ポイントに一本化！ ラクに効率よく貯めるテク

ポイ活（ポイント活動）という言葉が流行っています。ポイントが貯まる決済アプリ（PayPayや楽天ペイなど）をダウンロードしてみたものの、いまいち活用できていないという人も多いのでは？ 面倒に感じる人は無理にやる必要はありませんが、得した金額がすぐにわかるので、楽しみながら節約に繋げることができます。

ポイ活で効率よく貯めるテクニックに、ポイントの多重取りがあります。決済アプリとクレジットカードを紐づけておくことで、それぞれのポイントをもらえるため2重に獲得できるのです。さらに、店独自のポイントカードやアプリを提示することで3重取りができる場合も。また、日々の支出や固定費で自動的に貯まる仕組みにすることで、どんどんポイントが貯まります。例えば、公共料金や通信費をクレジットカード払いにしてポイントがつくようにする、自分がよく使う店が加盟しているポイントカードを利用する、ポイントがつきやすいショッピングサイトで買い物するなど。これらで得られるポイントをすべて共通ポイント（楽天ポイント、Tポイント、dポイントなど）に集約すれば、毎月数千円分相当になることも。ただし、ポイントを貯めるために不要なものを買ってしまうのは、節約という意味では逆効果です。

**体験談**

C・Hさん（30代）

予約サイトから美容院の予約をすると、コンビニで使えるポイントをもらえる！ 新商品のスイーツなどに交換できてうれしいです。

**体験談**

M・Yさん（40代）

イオン系列のスーパーに行くことが多いので、食材の買い物は1年間電子マネーWAONでの支払いのみに。年末に貯まったポイントで贅沢をするのが我が家の恒例です。

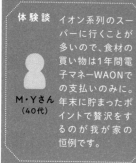

# 銀行の金利って低すぎませんか？

▼金利で選ぶなら、ネット銀行がおすすめです。

## 貯金用口座はネット銀行がお得
### 金利10〜100倍も！

多くの人が利用している大手メガバンクの普通預金の金利は、ほとんどが0・001％、定期預金でも0・002％ほどです。仮に100万円を1年間預けても、金利は10〜20円（税引き前）と、ほぼないに等しい金額です。

だからこそ、貯金用の口座は金利が高いネット銀行がおすすめです。選ぶ際のポイントは、①手数料が安い、②金利が高い、この2つです。下の表でいくつか紹介しますが、証券口座と連動させたり、他のサービスに登録することで金利が上がることも。ただし、金利や優遇条件は変わりやすいので口座をつくる前に確認しましょう。また、確実に貯金をするために、毎月の給与振込口座から貯金用の口座へと無料で自動送金できるところを選ぶのが理想です。

**おすすめネット銀行**

| | あおぞら銀行BANK | 楽天銀行 | イオン銀行 |
|---|---|---|---|
| 普通預金金利（1年） | 0.2％ | 0.02％ | 0.01〜0.1％ |
| 特徴 | 業界最高金利。定期預金の金利も0.2％（1年もの）。ゆうちょ銀行ATMなら365日（8:00〜21:00）入出金手数料が無料。 | 楽天証券と口座連動で金利が0.1％に上がる。口座開設で楽天カードのポイント還元率が上がる。 | ステージによって金利が上がる。条件はイオンカード引き落とし口座指定、インターネットバンキングの登録など。イオン銀行ATMなら24時間365日無料。 |
| 手数料 | 同行宛：無料<br>他行宛：月3回まで無料（以降は157円）<br>● ATM手数料<br>平日8:00〜18:00は110円（※1）、それ以外は220円。 | 同行宛：無料<br>他行宛：月3回まで無料（以降は168〜262円）<br>● ATM手数料<br>月7回まで無料（以降220〜275円） | 同行宛：無料<br>他行宛：月5回まで無料（以降は220円）<br>● ATM手数料<br>月5回まで無料（以降は平日8:45〜18:00は110円、それ以外は220円） |
| 自動送金 | ○ | ○ | ○ |

※1 セブン銀行にて出金の場合。その他は提携金融機関の定める手数料がかかります。

※2021年9月現在の情報です。

# 夫と金銭感覚が違いすぎて困っています

▼価値観を押しつけず、話し合う方法を考えましょう。

帰りにおしょうゆ買ってきて♪
OK!
ピローン
ただいま
いいしょうゆ買ってきた!
¥1000
特選
えー!高すぎ!!!

## ポイントは「共有すること」
## 2人で「貯まる家計」を目指して

育った環境が違うのですから、夫婦の金銭感覚が違うのは自然なことです。だからこそ、自分の金銭感覚を押しつけるのではなく、話し合いや協力をしていくことが大事。家計管理の方法には、大きく分けて3つのタイプがあります。

①完全共通財布タイプ

夫婦のお金をすべて1つの財布に入れ、そこから生活費や小遣いを出し、貯金もします。

②完全別財布タイプ

夫が家賃担当、妻が食費担当など役割を決め、それぞれ決まった額を出し、残りは自由に使います。夫婦でもお互いの月収や貯金額を知らないことも。

③一部共通財布タイプ

それぞれの収入から、例えば夫が20万円、妻が15万円というように金額を決めて共通の財布に入れ、そこから生活費や貯金のお金を出します。残りは自由に使っていいというものです。

一番お金が貯まりやすいのは①です。夫婦が納得できるなら①がおすすめですが、自分で稼いだお金をある程度自由に使いたいという気持ちもわかります。②③を選択しても問題ありませんが、その場合でも状況把握をしておくに越したことはありません。お互いに「相手は貯めているだろう」と思っていたのに、ふたを開けてみたらまったく貯金がなかったということもあり得ます。そのようなことを防ぐためにも、年に1回は貯金額を確認し合ったり、一緒に貯金計画を立てたりするのがおすすめです。

お金の話は直接しづらいので、書面でやりとりするという夫婦もいます。感情的にならずに済むのでそれも1つの方法です。自分たちがやりやすい方法を見つけて認識をすり合わせていきましょう。

# 「103万円の壁」ってなんですか?

▼所得税がかかるかどうかの収入の境い目です。

## 「税制上の控除」と「社会保険上の控除」がある

夫（や妻）の扶養に入りながら、パートタイムなどで働いている人は、年間いくら稼ぐかで、受けられる扶養控除が異なります。扶養控除には、①税制上の扶養（住民税、所得税など）と、②社会保険上の扶養（健康保険、年金など）の2つがあり、それぞれ適用される年収額が違うので混乱しがちです。

まず、①税制上の控除についてです。「103万円の壁」と言われるのは、年収103万円以下[※1]は所得税がかからないからです。103万円を超えると、超えた分に対して所得税がかかります（住民税非課税は100万円以下）。

そして、年収150万円以下は、扶養者（夫や妻）が配偶者特別控除を満額38万円受けられます。150万円以上になると徐々に控除額が減り、201万円を超えると控除はなくなります。

次に、②社会保険上の控除についてです。年収106万円を超えて、一定の条件[※2]に当てはまる人は、健康保険と厚生年金の加入義務が生じます。年収130万円を超えると条件に当てはまらなくても、勤務先の社会保険に加入しなければなりません。しかし、自分で厚生年金に加入することができそうであれば、老後の年金給付額がアップするメリットも。

※1 基礎控除48万円と給与所得控除55万円を足して103万円。
※2 労働時間が週20時間以上、1カ月の賃金が8・8万円以上、雇用期間1年以上見込み、学生ではない、従業員数501人以上など。

### 高額所得者は扶養控除が受けられない？

2018年の改正で、扶養者の年収が1,220万円（所得1,000万円）を超えると、配偶者控除を受けられなくなりました。年収1,120万円（所得900万円）を超えると、控除額は徐々に減らされます。今後も働き手不足が深刻化する見込みなので、扶養制度はさらに見直される可能性があります。

※年収＝源泉徴収前の給与と賞与の合計額。
所得＝年収から給与所得控除を差し引いた金額。

# 給与からいろいろ引かれて毎月がっかり…

▼社会保険は困ったときの支え。内容を再確認してみましょう。

## 毎月引かれる社会保険料は困ったときや老後に役立つもの

社会保険料は給与の約15％を占めています。給与が30万円の人の場合、約4万5千円。その負担はやはり大きいものです。ただ、この社会保険料は私たちの生活を支えてくれているもの。自由に金額を減らすことはできませんが、理解することで納得して払うことができるかもしれません。

社会保険料には、次のものがあります。

①健康保険料

医療機関の窓口での自己負担が3割（6歳以上69歳以下の場合）で済むのは健康保険のおかげ。「高額療養費制度」（P191参照）や、出産時に1児につき42万円支給される「出産育児一時金」などもあります。会社と雇用関係であれば、雇用形態にかかわらず健康保険料は会社と折半で負担します。

②厚生年金保険料

老後の生活費の基盤となる年金。日本の年金は2階建てに例えられますが、1階が国民年金、2階が厚生年金です。会社員の場合は厚生年金となり、支払う保険料の中に国民年金の保険料も含まれた形になります。そのため、自営業の人より将来受け取れる年金が多くなります。厚生年金保険料は会社と折半されています。

③雇用保険料

雇用保険は失業給付や育児休業給付金の支給、スキルアップのための職業訓練などによって、会社員の雇用を守っています。雇用保険料は会社が2／3負担、個人が1／3負担になっています。

いずれも共通しているのが、困ったときや将来のために必要なお金だということ。給与明細を見るとがっかりしてしまう気持ちはわかりますが、納めた分、メリットもあるのだと知っておいてください。

# 会社員でもできる節税方法ってあるの？

▼ふるさと納税がおすすめ。他にも工夫次第で節税できます。

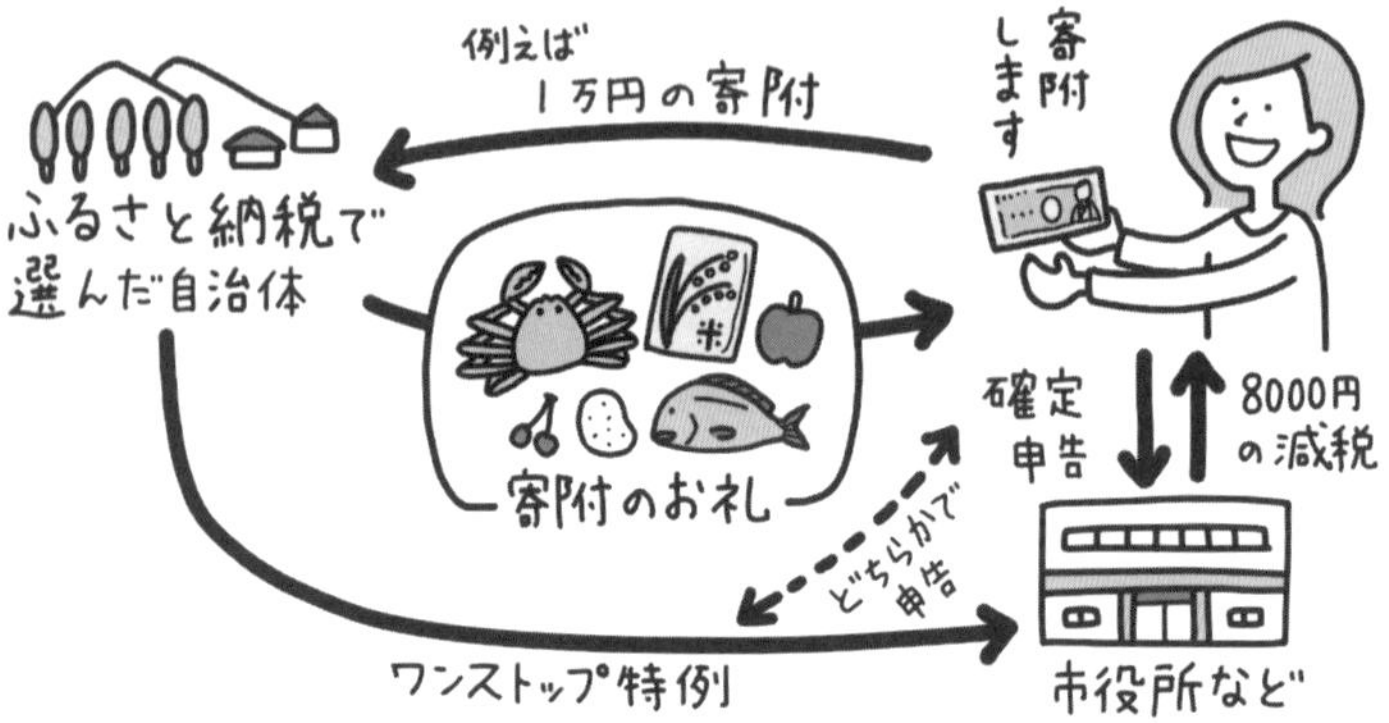

## 楽しくてお得なシステム「ふるさと納税」

会社員の節税方法でおすすめなのが「ふるさと納税」です。自分の生まれ故郷や、応援したい地域の自治体に寄附することで、自己負担額の２０００円を除く全額が、所得税や住民税などの控除対象になるという制度です。さらに、返礼品として、その土地の特産品や工芸品をもらえるのがお得なポイント。生活に役立つものから贅沢な食材まで、好きなものを選ぶ楽しさも味わえます。自治体によっては、寄附金の使い道まで指定できるところもあります。

控除になる金額の上限は、年収と家族構成で決まります。例えば、世帯年収５００万円の共働き夫婦と高校生の子ども１人の場合は１年間で４万９千円が目安。総務省やふるさと納税を取り扱っているサイトで簡単にシミュレーションができます。

また、本来、寄附金控除を受けるためには確定申告が必要ですが、寄附する先が５つ以内なら「ワンストップ特例制度」を使うことができます。これは、自治体に必要な申請書を提出すると、手続きを代行してくれるというものです。ただし、その他の控除（医療費控除や住宅ローン控除など）のために確定申告をする場合は、そこでも改めて申告する必要があるので注意が必要です。

### 会社員の節税方法いろいろ

**● 医療費控除**
年間の医療費が家族合わせて10万円（総所得金額が200万円未満の場合は5%）を超えた場合に一定額が控除される。

**● 住宅ローン控除**
家を購入する際に住宅ローンを組んだ人が対象。ローン残高に応じて最大40万円の控除が10～13年間受けられる。控除額の上限あり。

**● 寡婦（寡夫）・ひとり親控除**
配偶者が死別した場合や、離婚、未婚でひとり親になった人で、合計所得500万円以下の場合対象。27～35万円の控除が受けられる。

**● 生命保険料控除・地震保険料控除**
生命保険、地震保険の証明書を年末調整時に提出すれば一定額が控除される。

# 投資ってなんだかあやしくない？

▼リスクはあります。でも、生活を豊かにしてくれる可能性も。

## 貯金を長期的に増やすために投資を味方にしよう

これから先の人生、働いて節約するだけでは、老後のお金の不安はなかなかなくなりません。自分の資本である「お金」と「時間」の使い方が問われてきます。投資について知り、味方につけることは、人生を豊かにする可能性が高まるということです。お金を大事にしたいと思う人こそ、投資によってお金を安定的に増やす方法を考えましょう。

投資における「リスク」は「危険」ということではなく、〝収益のブレ〟を意味します。リターンが期待できるものにはリスクもあって当然です。それに対して預金は、元本保証である代わりに増やすことはほぼできません。

また、投資はギャンブルではありません。しっかりと成長性やリスクも考えたうえで行なうものです。株式投資は、トレンドを感じる力や消費者感覚がとても重要になるので、常に消費の現場にいる女性に向いているとも考えられます。

「ある程度お金がないとできないでしょ？」と思う人もいるかもしれませんが、今は１００円から投資信託の積み立てができます。少額から始めるならネット証券がおすすめです。まずは証券口座を開設するところから始めてみましょう。

### おすすめネット証券

- SBI証券
ネット証券での口座開設数がもっとも多い。売買手数料の安さと、新規公開株（IPO）や外国株式などの取扱商品の豊富さが売り。

- 楽天証券
近年、口座開設数を急激に伸ばしている。「マーケットスピード」という情報ツールが使いやすいと高評価を得ている。楽天ポイントを使って投資もできる。

- マネックス証券
1株から購入できる「単元未満株」や初心者にもやさしい商品を多数扱っている。ウェブサイトの使いやすさ、サポートの充実度も評価が高い。

ネット証券を選ぶポイントは、手数料の安さ、サイトの使いやすさ、ほしい商品を扱っているか。

# 投資で利益が出たら税金がかかるの？

▼かかります。
手数料もかかります。
NISAを活用しましょう。

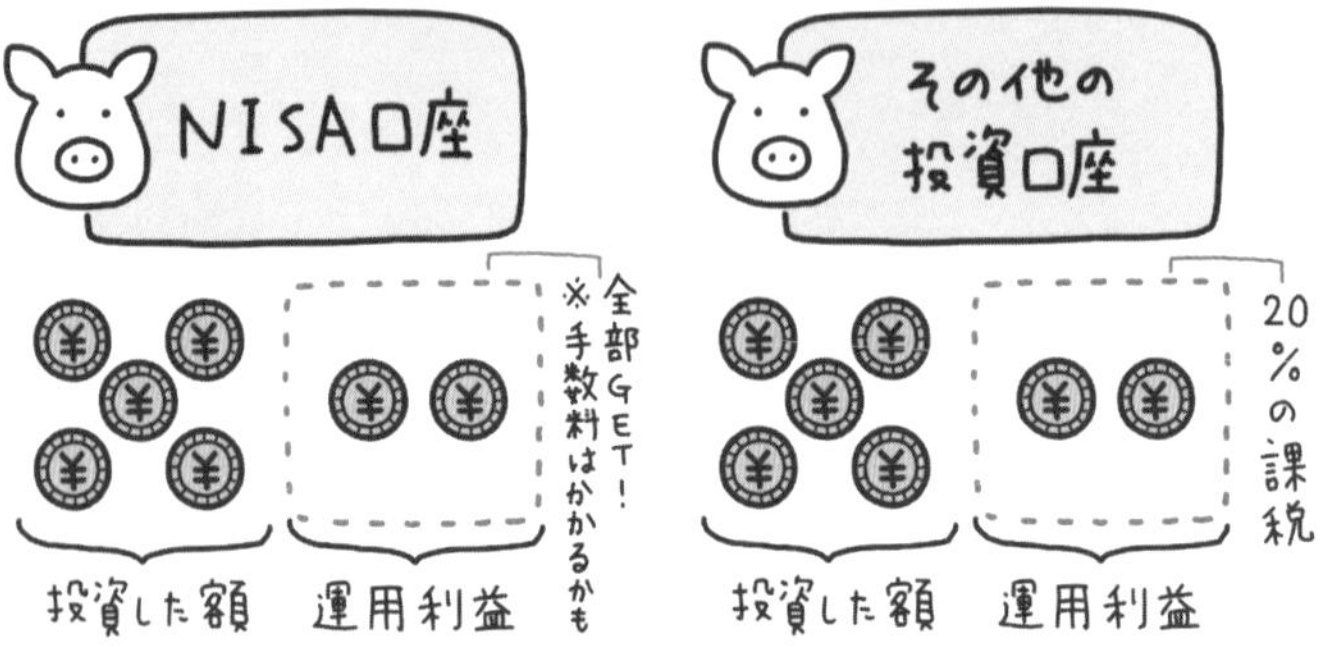

## 少額投資なら必ず活用したい 税制優遇制度NISA(ニーサ)

投資によって生じた配当金や、売却して得た利益には、一律で約20%の税金がかかります。少ない資金で投資する人にとって、買うとき・保有している間・売るときのそれぞれに手数料がかかってしまうと、税金の負担が大きく感じられますよね。

そこで活用したいのが、国が個人の投資を活性化させるために打ち出した税金の優遇制度「NISA(少額投資非課税制度)」です。

「NISA」は、年間の投資額120万円を上限に、それによって得た利益が非課税に。非課税期間は5年間でトータル最大600万円までの投資元本から得られる収益が非課税になります(2024年以降、新NISAへ見直しあり)。

「つみたてNISA」は、投資信託の積み立て専用で、年間の投資額の上限は40万円、非課税期間は20年間です。若い人や、少額を長期間でコツコツ貯めたい人におすすめです。NISAとつみたてNISAは併用できないので、自分に合うほうを選びましょう。NISAを利用するには、証券会社や銀行などの金融機関で「NISA口座」を開設すればOK。日本に住んでいる20歳以上の人なら誰でも利用できます(1人1口座のみ)。

### 老後の資金を貯めるなら iDeCo(イデコ)が おすすめ!

NISAと同様に、税金の優遇を受けられる私的年金制度がiDeCo(個人型確定拠出年金)です。毎月一定額を積み立てていくシステムで、自分で運用する商品(定期預金・保険・投資信託)が選べます。
運用によって得た利益が非課税なだけでなく、掛金が全額所得控除になるので、大きな節税になります。
ただし、老後資金をつくることが目的なので、60歳にならないとお金が引き出せません。

# 投資初心者は何から始めればいい？

▼おまかせで分散投資できる投資信託から始めましょう。

お茶を買うのを我慢して
その分投資！
100
からOK
MY BOTTLE

## 運用はプロにおまかせ！ 分散投資でリスクを抑えられる

これから投資を始めてみようという初心者の人におすすめしたいのが「投資信託」です。

投資信託は、「投信」「ファンド」とも呼ばれ、投資家から集めたお金を、投資のプロであるファンドマネージャーが、まとめて運用してくれる仕組みです。自分で細かく商品を選ぶ必要がなく、基本はおまかせでOK。商品により、投資額に応じた利益が分配されます。

投資家のお金をまとめて運用するからこそ、株式や債券、不動産など、いろいろなジャンルに分散して投資することができ（分散投資）、それによって価格変動のリスクを軽減できるのが投資信託の大きなポイントです。

商品ごとに、運用先や比率に個性があります。どの商品を買うか自分で選ばなければなりませんが、迷ったら複数の金融資産に分散投資をする「バランスファンド」と呼ばれる商品を選ぶのがおすすめです。国内だけでなく、先進国、新興国などに投資先を分散しているものも多く、1つの商品で世界中の資産に投資できるのが特徴です。手数料や運用実績は、目論見書と呼ばれる投資家向けの内容説明書でチェックできます。投資信託を選ぶ際は、購入手数料がかからなくて（ノーロード）、信託報酬が年0・5%以下のものを目安にして探しましょう。

### 投資信託の手数料をチェックしよう

投資信託にかかる手数料は3つあります。まず、購入する際にかかる手数料、保有している間ずっとかかる手数料（信託報酬）、解約する際にかかる手数料（信託財産留保額）です。
これらは商品によって変わってくるため、手数料ができるだけ安い商品を選んだり、購入や解約の回数を減らすようにしたりすることも利益を出すためのポイントになります。

Column

# 株式投資について

**初心者向けの投資として投資信託をおすすめしましたが、慣れてきたらぜひ株式投資にも挑戦してみましょう。**

上がったり下がったり、常に変動している株価。企業が一定の利益を株主に分配する「配当金」や、買ったときの価格より高く売る「売買益」で利益を得ることができます。株の値段は会社の業績や景気によって左右されるため、最新ニュースをチェックしたり、『会社四季報』（東洋経済新報社）を確認したりして「この会社だ！」と思うものを探しましょう。

株式投資はリスクがあるものなので、「生活に必要なお金」を使わないことが大事です。まずは無理のない範囲で買い、勉強しながら売り買いしていくことが大事です。

## 株式投資のポイント

### 1 頻繁に売り買いすると手数料が高くつく

株の売り買いには手数料がかかります。頻繁に売り買いしていると利益が出にくくなってしまうので注意しましょう。また、購入する際は事前に手数料の確認を忘れずに。

### 2 売るときのルールを決めておく

株は売り時が大事。値段が下がり続けている場合、損失が大きくなる可能性があるため「買った価格より3割下がったら」「○万円以上の損が出たら」などルールを決めておきましょう。

### 3 株主優待はおまけとして楽しむ

企業が株主に対し、商品の割引やギフトを贈る「株主優待」。魅力的なものも多く、株主優待を目当てに株を買う人もいます。優待につられて、投資資金を失ってしまっては本末転倒です。株主優待はあくまでもおまけとして楽しみましょう。

PART

2

# 仕事の悩みをクリアにする

働きたいのに思うように働けない人も、
できれば働きたくない人も、仕事の悩みは人それぞれ。
それはつまり、働きやすさも人それぞれということ。
自分らしく働ける環境を目指して、
働き方のアップデートをしませんか?

# なんだか、女性って働きにくくないですか？

▼働きやすさは年齢や環境で変わる。変化するのは自然なこと。

すみません
お迎えがあるので
お先に失礼します
おつかれー

## キーワードは「柔軟さ」環境に合わせて働き方を選んで

働きにくさを感じている女性は多いですが、その理由は年齢や家族構成によってさまざまです。

既婚の20～30代では「産休・育休を取得できるか」「復帰後、今まで通りのポジションに戻れるのか」「子育てと両立できるのか」などの悩みが多く、40代以降では、親の介護と両立できるのかなど、新たな悩みが現れます。女性の仕事が、いかに家族の影響を受けやすいかがわかりますね。ライフステージに合わせて、「このままでいいのだろうか」と立ち止まる瞬間はどんな女性にもきっとあるはずです。

また、仕事の悩みとお金の悩みは切り離せません。下の図のように、女性は男性に比べて収入が低い傾向にあります。独身の場合は、1人で生計を立てられるのか、老後資金を貯められるのかといった問題も出てくるでしょう。

さらに、同じ女性でも仕事へのスタンスはさまざまなので、働きにくさについて「こうすれば解決」という共通の方法を提示することはできません。1つ言えるのは、「柔軟さ」が強みになるということ。ライフステージに合わせて働き方を変えるのは自然なことです。

**性別・年齢による年間の平均給与（月額）**

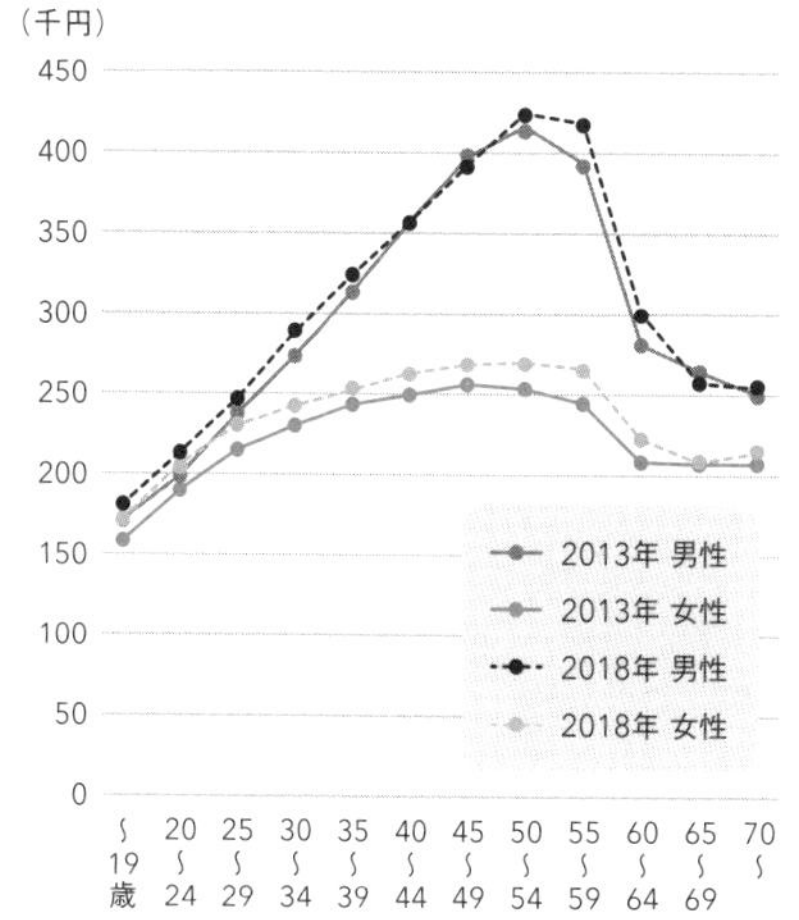


厚生労働省「平成30年賃金構造基本統計調査」より作成
※データは一般労働者（短時間労働者以外の労働者）のもの

# 非正規雇用と正社員、どちらがいいんだろう？

▼正解はあなたの中にあるはず。自分に合う働き方を選んで。

## 正社員＝安心の時代ではない 働き方、待遇など総合的に判断

同じ職場で働く女性でも、非正規と正社員では、待遇やその他条件が異なります。給与が高くて定年までの雇用が保証される正社員が安心、というのはかつての常識で、今や終身雇用制は崩壊しつつあります。特にコロナ禍の影響で、優秀な人材が出向させられたり、解雇されたりすることも珍しくなくなりました。

確かに、正社員は契約期間の決まりがないので解雇されにくいですが、会社の方針で希望していない部署への異動があるなど、長年働くことの大変さはあります。給与や福利厚生など待遇面においては、正社員のほうが安定しているところが多いです。一方、雇用期間が決まっている契約社員や派遣社員は、1つの会社に縛られることがなく、業界や職種も幅広く選べる、というメリットもあります。

正規か非正規、どちらがいいとは一概には言えません。安定を望むなら正社員、「いろいろな企業で働いてみたい」「時短勤務など、生活に合わせて働きたい」と言うなら契約社員や派遣社員、業務委託、というような選択になるでしょう。どんな働き方をしたいのか、どんな雇用形態が合うのか、自分自身としっかり向き合うことが大切です。

**各雇用形態の特徴**

| | 正社員 | 契約社員 | 派遣社員 | 業務委託契約 |
|---|---|---|---|---|
| 契約期間 | 無期 | 数カ月～1年ごと | 3カ月～1年ごと | 1年が一般的 |
| 契約期間の上限 | なし | 3年※ | 3年※ | なし |
| 契約相手 | 企業 | 企業 | 派遣会社 | 主に企業 |
| 給与 | 主に月給・年俸 | 時給・月給・年俸 | 主に時給 | 業務内容で契約時に決定 |

※高度なスキルがある人は5年まで契約可能など例外あり

# エピソード

コロナ禍の影響を受けた飲食、旅行、
ウエディング業界で働く方々の声を紹介します。

## EPISODE 3

**会社から出向を打診され
CAからコールセンタースタッフに**

S・Mさん（30代）

大手航空会社でCA（キャビンアテンダント）として働いていましたが、コロナで大打撃を受け、会社から出向を打診されました。出向先での業務はコールセンターのスタッフ。正社員なので簡単には解雇されないことはありがたいですが、これまでとはまったく違う仕事にやはり戸惑いますよね。私は生活を維持するためにも出向を選択しましたが、同僚の中には将来を見据えてまったく違う職へ舵を切った人もいました。

会社からは「期間は2年間。コロナが落ち着いたら戻すから出向先でがんばってほしい」と言われています。でも、本当に2年で戻れるのか、世の中がどう変わるのか、不安でいっぱいです。

CAは、子どもの頃から憧れていた職業ですし、プライドを持って仕事をしてきました。コールセンターでの仕事は大変ですが、復帰できる日を心待ちにしながら、この経験が自分の役に立つんだ、会社の役にも立つんだと言い聞かせてがんばっています。

## EPISODE 4

**給与カットで生活に打撃。

副業で補いやりくりする日々**

N・Tさん（20代）

ウエディング業界で正社員として働いていますが、会社はコロナの影響をもろに受け、経営を維持するための大幅な業務変更がありました。私はチームリーダー的な立場だったので、月数回の出社、その他は在宅勤務で今の業務を継続できることになりましたが、約半数の社員は他業種への出向という形になりました。そして、給料は10%カットとなっています。私は実家暮らしのため、生活が逼迫するということはありませんが、ボーナスもほとんど出なかったのでやはり苦しいです。1人暮らしだったり、お子さんがいたりする同僚は本当に大変そうです。

社員の生活を維持するため、会社から副業許可の通知がありました。そこで私が始めたのが、婚活パーティーの司会の副業です。週に1～2回、空き時間を利用して仕事をしていますが、在宅勤務が続く中でいい刺激に。また、結婚相手を求めている方のリアルな声を聞くこともできて本業の勉強にもなります。1日も早く通常通り働ける日がくることを願っています。

# 「私の仕事とコロナ」体験

## EPISODE 1

夫の会社の業務縮小で
家族で引っ越しすることに…

R・Hさん（30代）

地方都市で夫は飲食関連の会社の支社勤務、私はメーカーの事務として働いていました。コロナの影響で、夫の会社が業務縮小となり、支社を閉鎖することに！　東京本社への転勤を言い渡されたのです。夫が単身赴任するのか、小学生の子ども2人を連れて家族で引っ越すのか、夫婦でかなり迷いました。結果、やはり家族一緒に暮らしたいということで、私が仕事を辞め、家族で東京へ。コロナ禍の終わりが見えないなか、遠方への引っ越しはかなり大変でしたし、私も仕事にやりがいを感じていたため、キャリア設計が大きく崩れてしまいました。東京で就職活動をするのはかなり不安です。

また、東京には知り合いもいません。これまでは両親の助けがあったのですが、それもなくなってしまいます。地方で暮らすのと比べ、東京は物価が高いですね……。教育費も増えそうなので、貯金計画を見直さなければなりません。

## EPISODE 2

コロナの影響で契約終了。

転職活動の難しさを実感

M・Uさん（50代）

旅行業界で長く働いてきましたが、コロナの影響は本当に大きいです。以前は正社員として働いていたのですが、数年前から契約社員の形を選んで働いていました。コロナによる業績の悪化で、会社が人員削減をしなければならなくなり、私にもその話がきたのです。結局、年度末で契約更新されず退職となりました。私より若い人たちも、バッサリと契約の終了を言い渡されていましたよ。会社としては、「Aさんは契約更新、Bさんは契約終了」といった判断をすると、社員間で不満が出るので、かなりドライに全員契約終了としたようです。

現在転職活動をしていますが、50代後半ともなるとなかなか難しいですね。当然、同じ旅行業界では募集などありませんし、介護や清掃、子ども支援など、業界が限られてしまうように感じています。「今のあなたにできるのはこういう仕事です」と突きつけられた気がします。これまでの経験を活かせる仕事に就くのは難しいと、割り切って探すしかないなと思っています。

# 自分に向いている仕事がわかりません

▼やりたいことがないなら苦手なことをリストアップしてみて。

## 頭の中を整理するためにも自己分析をしてみよう

「自分に何が向いているのかわからない」という相談はとても多いです。そういうときに、まず一番にお聞きしているのが、「これまでにどんなことをしてきましたか？」ということ。仮に前職からブランクがあったとしても、どんな仕事をしてきて、実際やってみてどうだったのか。過去を振り返ることで、自分のやりたいことや向いていることが、少しずつ明確になっていくからです。

もし、やりたいことや好きなことがあるなら、自分にできることを整理し、そのスキルを活かせる仕事に就くのが理想です。でも、「そもそもやりたいことがない」という人のほうが圧倒的に多いのです。そんな人は、無理して好きなことを探そうとするのではなく、逆に嫌いなことや不得意なことを書き出してみましょう。何が苦手で、こういうことは好きじゃない、ということを明確にすれば、少なくとも向いていない仕事に就くリスクは避けられます。

例えば、会社勤めをしていると、会社によっては部署異動でさまざまな仕事を経験することになります。もし数字が得意ではないのに、経理関係の部署に配属されたら、それはもう苦痛でしかありません。ならば、他の部署か、違う会社で自分の力を発揮したほうがずっと豊かな人生になりますよね。

〝自己分析〟というと、少し堅苦しいイメージがあるかもしれませんが、就職活動においては重要なステップです。洋服でも髪型でも、「これは好きだけど、あれは似合わない」というように、自分は何が好きかの基準をそれぞれに持っています。それを紙に書き出し、〝見える化〟すること。自分がこれまでやってきた仕事を整理して評価する「スキル採点シート」（P90参照）を活用するのもいいでしょう。

# スキル採点シートを作ってみよう

## 記入例

| 会社・所属 | 期間 | 仕事内容 | 得たスキル | 感想 | 満足度（10点中） |
|---|---|---|---|---|---|
| ○○株式会社経理部 | 5年 | 経理、データ入力 | 基本的な経理の知識、データ入力のスピードと正確さ | 毎日同じことの繰り返しが苦痛だと知った | 5点 |
| 配属転換で総務部 | 2年 | 電話対応、来客対応、備品管理など | 接客のマナー、クレーム対応のスキル | 人と関わることが増えて楽しい一方で、クレーム処理などつらいことも | 7点 |
| （株）△△ | 2年 | ショールームアドバイザー | 営業トーク、商品知識 | 人と関わる仕事でよかったが、通勤が不便だった | 8点 |

## 今までやってきたことを整理してみよう

就職活動をする際には、履歴書や職務経歴書などでこれまでの職歴を提出することになります。「スキル採点シート」は、それをアレンジしたものです。改めて見てみると、自分が仕事で何を求めているのか、何にやりがいや楽しさを感じているのかがわかってくるでしょう。かなり前の経歴もあるかもしれませんが、思い出しながら書いてみてください。

## 「感想」と「満足度」は正直に

スキル採点シートが職務経歴書と違うのは、「感想」と「満足度」の項目がある点です。このシートは誰かに見せるものではありませんので、自分の思うまま、正直に書くことが大事です。「満足度」の欄は、その仕事のよかったところ、悪かったところをふまえてトータルで自分の中でどうだったのかを点数化してみましょう。

※枠が足りない場合はコピーして使ってください。

| 会社・所属 | 期間 | 仕事内容 | 得たスキル | 感想 | 満足度（10点中） |
|---|---|---|---|---|---|
| | 年 | | | | 点 |
| | 年 | | | | 点 |
| | 年 | | | | 点 |
| | 年 | | | | 点 |
| | 年 | | | | 点 |
| | 年 | | | | 点 |
| | 年 | | | | 点 |

# 職場の人間関係が嫌で仕方ありません

▼退職するのは簡単ですが、できることはやってみて。

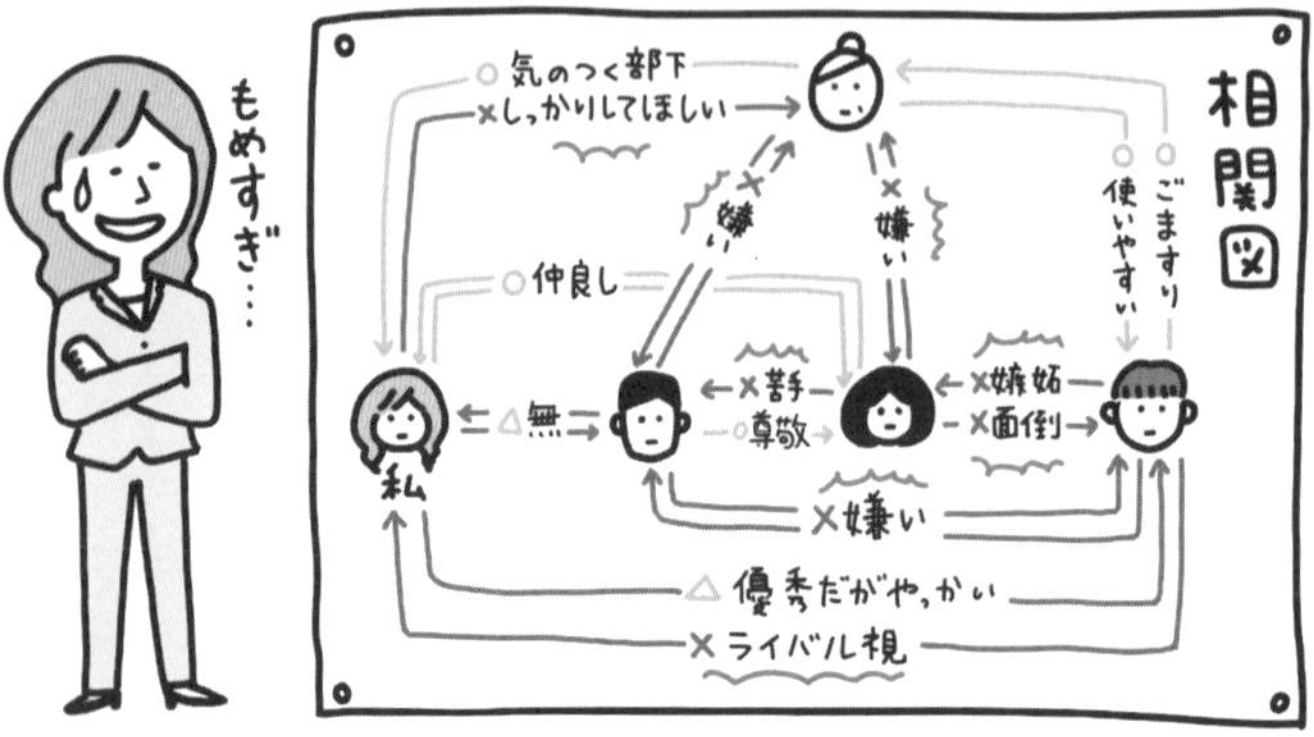

## 意識改革やチーム替えの交渉など まずは対処法を考えてみよう

転職理由で1、2位にランクインするほど多いのが、職場の人間関係の悩みです。人間関係が悪いと毎日辛いですし、「会社に行きたくない」「辞めたい」と思ってしまうのはよくわかります。

でも仮に転職したとしても、次の職場でも同じことは起こり得ます。面接時の担当者は感じがよかったのに、配属された部署は雰囲気が全然違った……というのは残念ながらよくあることなのです。

転職活動の準備もできていないのに、そのときの感情で辞めてしまうと、その後のキャリアや生活にも影響が出てしまいます。辞めるのは簡単ですが、辞めた会社に戻ることは困難。「今、自分は本当に辞めるべき状況にいるのか」「対処する方法はないのか」をよく考えてから決断しましょう。

人間関係の相談に多いのが、「上司と合わない」というケース。これは、状況を変えることで改善される場合もあるので、部署異動やチーム替えの希望を出してみることを勧めています。どんな職場であっても、人間関係の悩みはつきないもの。「相談できる同僚がいる」「仕事内容は好き」など、プラスの要素にも目を向けることが大切です。ただし、職場でパワハラやセクハラを受けていたり、メンタルや体に不調がある場合などは専門機関に相談しましょう。

### ハラスメントの相談窓口

厚生労働省が委託事業として行なっている「ハラスメント悩み相談室」は、セクシュアルハラスメントやパワーハラスメントなどで困っている人の相談にのってくれます（無料）。電話相談とメール相談があり、スマホからも通話することができます。

ハラスメント悩み相談室

https://harasu-soudan.mhlw.go.jp

● 電話

0120-714-864
月曜～金曜12:00～21:00／土曜・日曜10:00～17:00 祝日及び年末年始（12/29～1/3）を除く

● メール

mail@harasu-soudan.mhlw.go.jp

# 転職先はどうやって選べばいい？

▼やりがい？それとも待遇？
解決したいことを明確に。

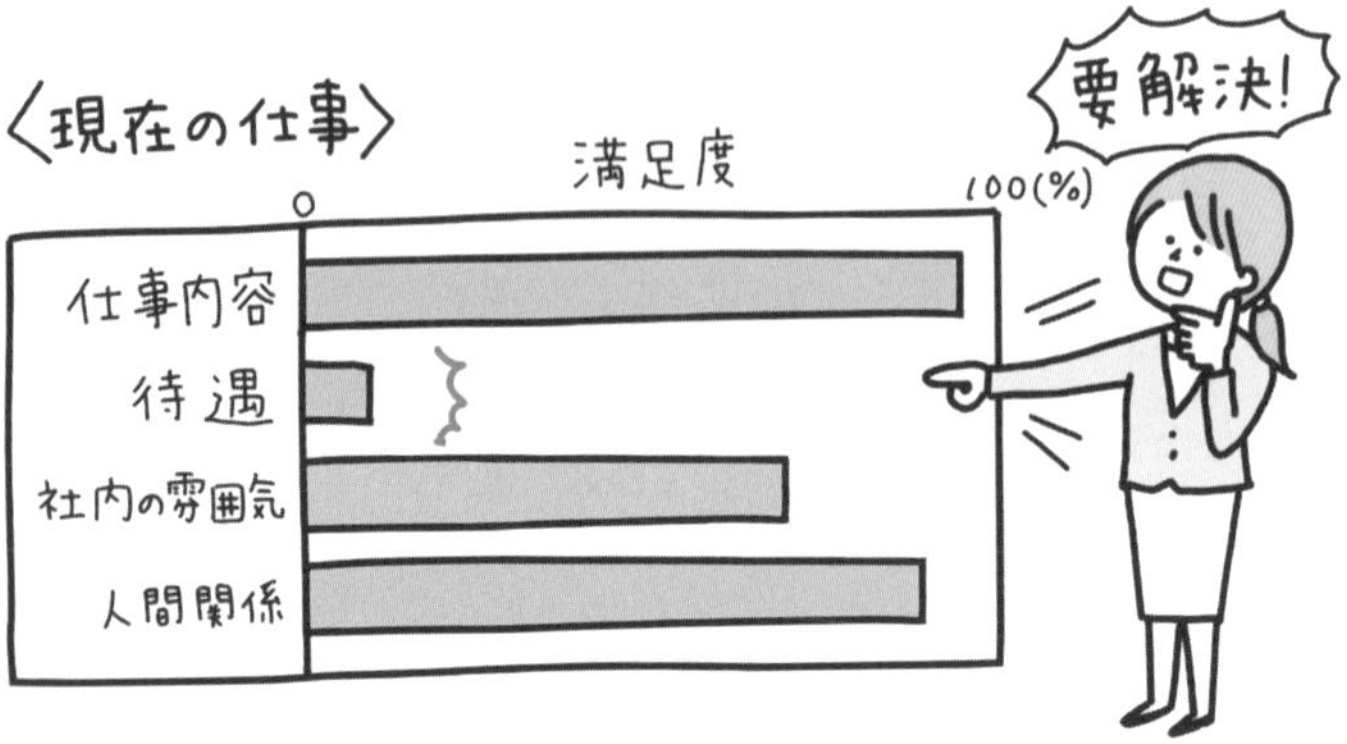

## 転職したいと思った理由は？ 優先順位をつけてみよう

転職先を選ぶ前に、なぜ今転職したいのか整理しましょう。転職で、何が解決されたら納得するのでしょうか。仕事内容なのか、待遇なのかを自分自身で明確にしていないと、転職しても不安が出てきてしまいます。

例えば、今の仕事は嫌ではないけれど、給与が安いことが転職の大きな要因になっているのならば、同じ職種で自分のスキルをもっと活かせて、かつその価値を認めてくれる会社がいいですよね。逆に、仕事内容が合わないならば、その職種は避けたほうがよく、別の業界や職種を探してみるのも1つの選択です。やりがいと条件、両方とも満たされるのが理想ですが、なかなかうまくはいかないもの。バランスを、自分自身で考えてみましょう。

## 業界を選ぶときは、業績や将来性を調べて見極めを

コロナ禍での転職は厳しい、というイメージがあるかもしれませんが、実績を伸ばしている企業も多くあります。そこではやはり人材が不足しているので、未経験でも転職しやすい傾向にあります。「好きな仕事に就きたい」「この業界で働きたい」ということだけに固執しないで、これから伸びそうな業界、企業を見極めることも大切。経済の流れや社会の動きに関するニュースにアンテナを張り、参考にするといいでしょう。

1つ言えるのは、転職したからといって満足度が100％になるわけではありません。転職先で嫌なことはあるかもしれないし、仕事も大変かもしれない。でも、自分の優先順位をあらかじめ明確にしておけば、より働きやすい職場に出合えるはずです。

# フリーランスになってみようかな…

▼誰でもフリーになれる時代。でも、継続は簡単ではありません。

今日からフリーランス!
本日の仕事は…
仕事探し!

## 選択肢の1つとしてありです 子育て世代は働きやすいかも？

安易に勧めるわけではないですし、継続していくのは大変なことですが、「フリーランス」というのも1つの選択肢です。

「イラストが得意で個人的に頼まれて描いたことがある。主婦業の傍ら、仕事にしていきたい」「まずはハンドメイドのアクセサリーをネット販売して、徐々に事業として広げていきたい」など、独立する女性が増えてきている背景には、昔とは違って、起業するハードルが低くなってきたことや、起業する情報を収集しやすくなったことがあるでしょう。

例えば、子育て中のママが再就職するとなると、「幼稚園に子どもを預けられる9時～14時。熱を出したり、園行事があったりするので週3～4回で土日祝は休み」と条件面が厳しくなることもあります。

本来、さまざまな条件下でも柔軟に働ける社会が理想ですが、現実的にそうはいかないことも多いもの。フリーランスならば、組織に縛られることなく、自由に働くことができます。

もちろん、仕事がなければ収入はないので金銭面は不安定ですし、責任もすべて自分にあり、それらをどう管理するかの大変さはあります。逆に、成果は目に見えやすいので、仕事にやりがいや幸福度を感じながら働いている人も多いようです。

**体験談**

A・Mさん（40代）

**正社員から フリーの編集者に**

出版社で正社員として働いていたのですが、残業が多く、休日も自宅で仕事ばかりしていたので、出産を機にフリーランスの編集者に。収入は安定しませんが、夫の転勤があっても仕事を続けることができたのはよかったです。また、働く時間や休日を自分で決められるので、子育てと両立しやすいです。

# 今から転職するって遅いでしょうか…

▼年齢であきらめないで。経験は必ず活かせます。

## まずは行動してみること
## 自分の可能性を信じて！

転職者は、新卒者とは違って経験があるのが強みです。コミュニケーション力も仕事力も社会人としてのマナーも、スキルはずっと上。「私の年齢では無理かも」「この仕事は未経験だから」「資格も何もないし」と、せっかく見つけたよい求人をあきらめていませんか？　これまで経験してきたことは、直接仕事に結びつかないことでも、どこかで発揮する機会は必ずやってくるもの。それが、どこの企業にヒットするかはわからないのです。

　興味を持っていた仕事や、面白そうと感じた企業を見つけたら、チャレンジしてみましょう。新卒社員ではない人材を採用するということは、あなたが培ってきた経験が必要だから。転職への成功の秘訣は、自分の可能性を信じることです。

## 求められるのは即戦力
## 年齢がプラスになることも

転職したい理由をはっきりと言えますか？　20代～30代での転職と、40代以降の転職では、企業から求められるものが違います。年齢が上がるにつれ、前職で培ったスキル、人脈、実績を見られるようになります。未経験の仕事にチャレンジするにしても、自分のこれまでの経験がその仕事にどう役立つかを説明できるようにしておくことが大切です。年を重ねたからこそうまくできるようになったこともあると思います。それは、若い人にはなかなか身につけることができないスキルです。それこそが即戦力となりますので、ぜひ面接でアピールしましょう。

　また、未経験でもなるべく早く戦力になれるよう、次の仕事に向けて資格取得や勉強に取り組むといった前向きな姿勢を持つことも大事です。

# ブランクがあるけど大丈夫かな…

## ▼ブランクのとらえ方はいろいろ。

## 何年経ってもあきらめないで専業主婦の経験も活かせるかも！

子育てで仕事を離れていたけれど、再就職を考えている、という主婦の方もいます。「でもブランクがあるし……」と、まだ何も始めていないのに、早々とあきらめてしまうのはもったいないことです。

ブランクはダメなことでしょうか？　専業主婦だって「主婦業」という職から違う職に就くのですから、転職です。主婦業を通して、育児・家事・介護などから発生するさまざまな事柄に対し、交渉し、改善し、やり抜く力が身についているはずです。その経験は立派なスキルなのです。

ブランクも、1年だったり5年だったり10年だったり。それを長いととらえるか短いととらえるかは人それぞれ。そのブランクが、就職でマイナスになるかどうかは、職種にもよるので、現状と自分のスキルを比べて、しっかり見極めることが大切です。

対人の仕事であるサービス業は、仮にブランクがあったとしても、人柄や接客技術がよければ、あまり影響はありません。しかし、プログラマーなどの専門職は技術の移り変わりが著しいので、3年のブランクでも一からやり直すことになるかもしれません。つまり、過去の実績やスキルを活かすことは大事ですが、しがみつきすぎないことも大事だということ。ひと昔前のスキルが、現状で使えるものかどうかを冷静に判断しましょう。

**体験談**

T・Oさん（30代）

**3年のブランクの末派遣のデザイナーに**

ウェブデザイナーとして働いていましたが、出産を機に退職し、家の近所でパートをしていました。でも、子どもが3歳になり、経験を活かさないともったいないのではと思うように。今は派遣のウェブデザイナーとして働いています。正社員ほど残業はなく、経験を活かせる仕事で満足しています。

# 今の仕事、これから先も続けていける？

▼今の職場で長く働ける環境をつくるのも1つの方法です。

## 長く働いているからこそ活かせることもあるはずです！

「商品開発をしているけれど、ターゲット層とのギャップがありすぎて、仕事がどんどんしんどくなってきた……」「スポーツインストラクターとして、体力的に長くは続けられない」など、今の職場での未来に少なからず不安を抱えている人もいます。もし、このまま仕事を続けるとして、10年、20年後のビジョンが見えないなら、転職するというのも1つの方法です。

　でも、辞めるのは簡単ですが、焦るのは禁物。今の会社にとくに不満がないなら、まずは自分の不安要素を整理して、改善の余地がないかをよく考えてみましょう。

　例えば、今の会社に自分からアプローチをして、長く働ける環境をつくっていくことも可能かもしれません。若者向けの商品開発が厳しいと思うなら、新規でシニア向け商品開発を提案してみる。もしくは、これまでの知識や経験を活かして管理する立場になるなど。業務内容や関わり方を変えるだけで、今の会社でも長く働ける可能性は大いにあります。

　また、長く働いていれば、若い人にはない経験や安心感が重宝される場面があるはず。今のポジションから変わることを恐れず、柔軟な考えで働きやすい環境をつくっていきましょう。

**体験談**

S・Kさん（50代）

**クライアントを変えたら無理なく続けられた！**

30代でキャリアコンサルタントとして独立。高校生の就職支援がメインで、長期にわたり、お母さん感覚で、履歴書の書き方から求人探しまでサポートしてきました。でも、徐々に世代のギャップに悩むようになり、思い切ってクライアントをシニア層に変更。50代になった今、無理なく楽しく働いています。

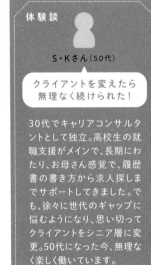

# 資格を取っておけば転職できますよね？

▼資格が直接、就職に繋がるとは限りません。

## 資格がある＝採用ではない
## 資格はあくまでも免許証

「資格を取ればなんとかなる」と思っている人がいますが、資格があっても就職に有利とは限りません。資格取得のために努力するのは素晴らしいこと。でも、その資格は本当に必要でしょうか。ただ将来が不安だから、資格取得のためにがんばることで気を紛らわしているだけかもしれません。

　もちろん、資格が必要な職種もあります。ただ、そういう職種でも、資格は最低条件であって、あれば必ず就職できるかというと、そうではありません。資格はあくまでも免許証に過ぎないのです。大切なのは、今まで自分は何をやってきて、何ができるのかということ。この原点に戻り、資格が必要なのか、必要ならどんな資格なのかを考えましょう。履歴書の資格欄を埋めるためだけの資格は必要ありません。

## 未経験の職種に就きたいときに
## 職業訓練制度の利用も可能

「職業訓練（ハロートレーニング）」という制度をご存じでしょうか。離職者が求職中に失業保険を受給しながら、就職に役立つ知識やスキルを身につけることができる公的な制度です。テキスト代などを除いて基本的に受講は無料で、ＯＡ事務やＩＴ、介護、建設・製造、理美容、デザインなど多様なコースから自分の就きたい職種に合わせて選択できます。在職者がスキルアップのために受講することもできますが、その場合は有料のコースになります。

　重要なのが、資格取得と同様、受講したからといって必ず希望通りの職業に就くことができるとは限らないということです。それを理解したうえで活用しましょう。受講の手続きはハローワークで行なわれています。

# 面接が苦手…対策はどうしたらいい？

▼なぜ転職したい？
なぜこの会社？
自分に質問して突き詰めて。

## 面接のシミュレーションと企業分析を怠らない

転職の面接では、即戦力になるか、入社後すぐに辞めたりしないかを見極められます。「あなたは転職してまで、なぜこの会社で働きたいのですか?」といった転職理由は必ず聞かれるでしょう。

そこで、「前の職場の人間関係がうまくいかなくて」なんてことは絶対に言えないですよね。かといって、「なんでもやります!」という勢いだけでは通用しません。「スキルアップのため」というのも、動機としては弱すぎます。採用する側が、どんな人材やスキルを必要としているのかを分析し、自分なら会社にどう貢献し、どんなビジョンがあるのか明確にして。あらゆる質問にも答えられるように、自分に問いかけながら考えを深め、シミュレーションしておくことが大切です。

## 転職理由は前向きであること将来のビジョンも

転職理由は履歴書でも欠かせませんが、前の職場で不満な点があったとしても、そのまま伝えるのではなく、前向きに表現しましょう。例えば、「仕事がルーティンでつまらなかった」なら、「前職は日々同じ業務をすることを求められたため、特別なスキルを身につけることが難しいと感じた」というように。だから、この会社でこんなふうになりたい、と具体的な将来のビジョンと繋げると説得力が増します。

転職を成功させるためには、下準備が不可欠です。活動するにあたって、まずハローワークに行ったり、転職サイトに登録したりすると思いますが、この業界ならここが強いなど、転職サイト1つとってもさまざまです。情報収集も転職活動の大事な要素。自分で調べて積極的に情報を集めましょう。

# また不採用…私って必要とされてない？

▼あなたを必要とする会社は必ずある！ 人との縁を大切に。

## 就職は人間関係と同じく相性も気持ちを切り替えて次に進んで

転職活動において、不採用通知を受け取ることは残念ですし、ショックですね。でも1つ勘違いしないでほしいのが、「その会社には、あなたではなく他の人が必要だったけれど、あなたが社会で必要とされていないわけではない」ということ。

人間関係において相性があるように、就職もご縁や相性はあります。今回は、たまたま巡り合わせが悪かっただけ。とはいっても、人間ですから、やっぱり落ち込みますよね。でも落ち込むのは1日だけにしましょう。うじうじ悩んでいても前へは進めません。あなたを必要としている会社は必ずあります。履歴書や面接の反省点があればしっかりと見直し、次のチャンスに活かしましょう。根気強さが大事です。

## 人とのコネクションを大切に転職の意思を公にする

今はネット社会なので、転職サイトに登録すれば、求人情報もたくさんあります。それとは別に、ぜひ人とのコネクションも活用してください。「知り合いの会社で募集しているよ」などサイトにはない口コミや、あなたの人柄なり仕事ぶりを知ったうえでの紹介というのは、やはり転職には有利です。だからこそ、「転職を考えている」「募集があったら教えて」と周囲に話しておくことも大切です。

また、「この会社で働きたい」という企業が明確な場合は、求人募集がなくても直接問い合わせをしてみるのもいいでしょう。もしかしたらタイミングよく空きがあるかもしれないですし、就職も、結局は人と人との関係なので、熱い思いや意気込みに人は心を動かされるものです。

# 私なんかがキャリア相談に行ってもいいの？

▼そんなあなたのためにキャリアカウンセラーがいるのです。

## キャリアがあってもなくても
## もっと気軽に第三者に相談を

自分には経験も能力も何もないと思い込んでしまう傾向は、とくに女性に多いですが、そういう人こそ、キャリアカウンセラーなど第三者に相談することをおすすめします。

日本では、自分で解決するものと刷り込まれているところがありますが、アメリカなどでは複数のカウンセラーに相談するのは当たり前のこと。なぜなら、親や配偶者、友達など親しい人に相談しても、関係が近すぎるからこそ見えない部分もあり、解決には至らないことが多いからです。

第三者なら、あなたのことを客観的に分析し、違った視点で、「こんなことができるじゃないですか」と強みやよさを引き出したり、気づかせてくれたりと、新たな発見があるはずです。

## ハローワークなどでは無料で
## カウンセリングが受けられる

キャリアカウンセリングが受けられるのは、ハローワークの窓口や、転職エージェント、フリーのキャリアカウンセラーなどです。ハローワークなら基本的に無料なので、気軽に相談してみるといいでしょう。ただし、カウンセラーとの相性はあるので、いろいろな人に相談してみるといいですね。

### キャリアカウンセラーに相談できる場所

- ハローワーク
  窓口にて求人情報の紹介もあわせて無料で受けることができます
- 全国のJobCafe（ジョブカフェ）
  若者向けの就職支援で各都道府県に設置されています
- 転職エージェント
  エージェントに登録すれば、基本的にカウンセリングを受けられます
- 民間企業
  さまざまな企業があり、料金も無料から数万円までそれぞれです
- フリーのキャリアカウンセラー
  料金はそれぞれで、プロから戦略的なアドバイスを受けられます

# 転職が決まった！退職日までにやることは？

▼職場や家族の理解を得るために引き継ぎや環境整備をしっかりと。

家庭で
OK!!
うん!!
これからは30分帰りが遅くなるからね
職場で
はい!
このノートに全部まとめてあります
引き継ぎノート

郵便はがき

おそれいりますが切手をお貼り下さい

104-8011

東京都中央区築地5-3-2

株式会社
**朝日新聞出版**
**生活・文化編集部** 行

| | | |
|---|---|---|
| ご住所 〒<br><br>電話 （ ） | | |
| ふりがな<br>お名前 | | |
| Eメールアドレス | | |
| ご職業 | 年齢<br>歳 | 性別<br>男・女 |

このたびは本書をご購読いただきありがとうございます。
今後の企画の参考にさせていただきますので、ご記入のうえ、ご返送下さい。
お送りいただいた方の中から抽選で毎月10名様に図書カードを差し上げます。
当選の発表は、発送をもってかえさせていただきます。

# 愛読者カード

お買い求めの本の書名

お買い求めになった動機は何ですか？（複数回答可）

1. タイトルにひかれて　　2. デザインが気に入ったから
3. 内容が良さそうだから　　4. 人にすすめられて
5. 新聞・雑誌の広告で（掲載紙誌名　　　　　　　　）
6. その他（　　　　　　　　　　　　　　　　　　　）

表紙　1. 良い　2. ふつう　3. 良くない
定価　1. 安い　2. ふつう　3. 高い

最近関心を持っていること、お読みになりたい本は？

本書に対するご意見・ご感想をお聞かせください

ご感想を広告等、書籍のPRに使わせていただいてもよろしいですか？

1. 実名で可　　2. 匿名で可　　3. 不可

ご協力ありがとうございました。
尚、ご提供いただきました情報は、個人情報を含まない統計的な資料の作成等に使用します。その他の利用について詳しくは、当社ホームページ
https://publications.asahi.com/company/privacy/ をご覧下さい。

## 去り際は美しく　引き継ぎをきちんとする

転職先が決まったら、退職まで時間は限られているのに、机の片付けやパソコンのデータ整理など、やることがいっぱいです。もう退職するわけだし、後のことはどうでもいいと思っていませんか？　でも、あなたが次のステップへ進むことができたのは、今の会社での経験があったからこそではないですか？　新しい環境へ旅立つ前に、今の職場できちんと身辺整理をしておくのはとても大切なことです。

引き継ぎは、退職前にバタバタと済ませがちですが、後で困るのは現場です。例えば、誰が見てもわかるように、仕事内容を1冊のノートにまとめてみてはどうでしょうか。今まで曖昧にしていた業務内容もこれを機に整理することで、感謝されるかもしれません。去り際は美しくありたいものですね。

## 転職前に、家族の役割分担など　家庭環境を整える

転職後すぐは慣れないことが多くて大変なので、家族の理解や協力を得ておくことも必要です。勤務時間が長くなるなら、今後は家族で家事を分担するなど相談したほうがいいでしょう。また、あなたが転職するメリット、デメリットについても、家族の理解を深めておくこと。転職後に家族間で不満が出てこないよう、事前準備が大事です。

**体験談**

S・Nさん（30代）

**収入が減るため夫の説得に苦労した**

30代も残り少なくなり、最後のチャンスと思い転職活動をしたところ、憧れていた広報の仕事で内定をもらうことができました。でも、未経験のため現状より年収が下がることに。夫は今後の貯金計画が崩れてしまうと難色を示し、説得するのに苦労しました。今は理解し、応援してくれています。

# 仕事と育児・家事の両立って無理では？

▼「周りを頼る」という考えにあなた自身がシフトして。

## 頼れる人には頼る！ 公共のファミリー・サポートも

仕事をしながら育児も家事も、すべてをこなすとなると、いつか必ずパンクしてしまいます。夫はもちろん、両親や近所の人など、頼れる人には頼りましょう。女性はとくに、なんでも1人でやってしまう人が多いのですが、「あえて頼る」という考えにシフトすることで、1人で抱え込む状況が改善されます。積極的に周りを巻き込みましょう。

有料サービスを使うことを「お金をかけてまで」と感じるかもしれませんが、市区町村のファミリー・サポートなど、公共の支援制度は安価なことが多いです。民間の家事代行や病児保育などは安くありませんが、子どもが小さいうちはとにかく大変。苦手なことはがんばりすぎず、自分の時間も時には確保して、笑顔でいられることを大切にしましょう。

## 職場では、印象アップのコミュニケーションを

職場の理解も必要不可欠。そのためには、会社や上司を味方につけておくことです。残業不可や休みを要望するばかりでは、「権利を主張する人」になってしまいます。家族の協力などサポート体制を整える、できる限りの努力を見せることで、「仕事の役割を果たそうとする人」という印象を与えることができます。

**体験談**

C・Sさん（20代）

**前倒しで進めると仕事が増えることも…**

期日に遅れないよう前倒しで仕事を進めるようにしていますが、早く仕上がったものをすぐに提出すると、「じゃあ、これもお願いできる？」と業務が増えてしまうことがよくありました。そのため、数日寝かせてクオリティを上げてから提出するなど、仕事量が増えすぎないよう調整しています。

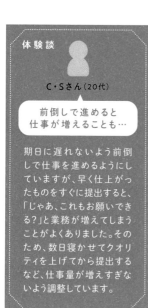

# 急なお迎え要請…早退するのが気まずい！

▼仕方がないことだけど、感謝や気遣いを忘れずに。

○○ちゃん熱があるみたいで……
は…はい……
どうしよう……
・打ち合わせ
・来客
・引き継ぎ
・締め切り……

## 必ず起こることだと想定し できる限りの対策をとって

「子どもの急な発熱で保育園や学校から電話がかかってきて早退……」というのは、働く母親なら誰もが経験することでしょう。仕方がないことですが、自分の仕事を他の誰かにお願いするのはやはり心苦しいですし、それが続くと会社に居づらくなりますよね。子どもが小さいうちは必ず起こることだと想定し、例えば、夫や両親に、お迎えや看病をお願いするとか、病児保育の施設に登録しておくといった対策は必須です。

自分が早退したり、休みをとって看病しなければならない場合も、普段から社内でよりよい人間関係を築いておくことが大切です。当たり前のように早退して、仕事を人に任せていては、責任感のない人と思われてしまいます。

## フォローする側の立場に立って 負担を減らす努力を

あなたの不在時には、同僚や上司が問い合わせやトラブルに対応できるよう、資料やパソコン内のデータは常にわかりやすく整理しておくようにしましょう。毎回資料を探すところからお願いしていては、相手の負担を増やしてしまいます。

早退や欠勤が続くと、仕事を辞めたほうがいいのかもと悩むことがあるかもしれません。でも、一時的に働くペースをゆるめることはあっても、できる限り「仕事を手放さない」というスタンスを持っておいてほしいものです。なぜなら、再就職するのは大変なことだからです。気まずさは避けられないかもしれませんが、日頃から備えておくことはできるはず。また、あなたがサポートできるときには、周りの人をできる限りサポートしてあげてください。

# 仕事テクニック

仕事を効率化し、少しでも家族との時間を増やすためのテクをご紹介します。

## すべての予定を1冊の手帳にまとめる

14時から打ち合わせ…
あっ明日は
お弁当の日だ！

仕事の予定に加えて、家族や子どもの予定など、働くママのスケジュール管理は課題の1つ。「お弁当の日」「習い事の日」などの子どもの予定から、「支払い期日」「ガスの点検が来る」などの家の予定まで、すべて1冊のスケジュール帳で管理することで、うっかり忘れてしまうことを防げます。手帳は大きめがおすすめ。

## 可能なものはできるだけ自動化する！

仕事の中には、定期的に同じことをする業務や、事務的な作業があるはずです。そういったものはできるだけ自動化し、短時間で片付けられるようにしましょう。例えば、書類の雛形を作って必要なところだけ入力すればいいようにする、たびたび書類や荷物を送る相手の宛名は印刷してストックしておくなどが考えられます。

**自動化できるかも？**

- 書類の雛形を作る
- 経費の精算
- 宛名の印刷
- メールの署名を作成
- Excelの関数やマクロを使って業務効率化

## メールの回数は少なく済むよう文面を工夫する

メールのやりとりは意外と時間を取ってしまう作業です。何度も往復していると他の作業時間がなくなってしまうので注意しましょう。メールを送る際はなるべく回数を少なく、手離れよくできるよう工夫しましょう。例えば、アポイントの時間を決めるときには、「いつがよろしいでしょうか？」→「○月○日はどうですか？」→「その日は都合が悪く……」とやりとりしていると、何度も往復しなければなりません。初めからこちらの都合のよい日をいくつか候補として挙げて相手に選んでもらえばスムーズです。

# 働くママのスピードアップ

## 退勤間際の仕事依頼は代案を伝えて

テキパキ仕事を片付けて、さぁ帰ろうと思ったら、「今から頼めるかな？」と仕事を依頼してくる上司、困りますよね。でも「できません！」と言ってしまうと印象を悪くしてしまう可能性もあるので、「今日は難しいのですが、明日の○時なら対応可能です」と代案を出すようにしましょう。

## 隙間時間を有効活用する

アポイントの時間より早く着いたときや、予定と予定の間などの隙間時間は、ボーッとスマホを見たりしているとあっという間に過ぎてしまうもの。メールの返信や調べたいと思っていたことのリサーチなど、短時間でできる細かいタスクを片付けるチャンスだと考えて有効活用しましょう。隙間時間にやることをメモしておくのがおすすめです。

### 隙間時間でできること

- メールやLINEの返信
- 資料を読む
- 報告メールや日報を書く
- 電話を折り返す
- ネットスーパーで注文 など…

## 締め切り設定は時間単位で明確に伝える

「○月○日までにお願いします」と伝えた場合、その日の朝までに送ってくれる人と、その日の夜か翌日の始業時間までに送ればいいと考える人がいます。どちらのタイプでも自分の仕事に差し支えないようにするには「○月○日○時まで」とはっきり伝えることです。また、間に合わなかった場合に備え、デッドラインギリギリに設定するのは避けます。案件によっても変わってきますが、1～2日前倒ししておくと安心でしょう。相手に締め切りを守ってもらうためには、自分自身が締め切りを守ることも大切。

# 夫の当事者意識を育むには?

▼爆発する前にやってほしいことを伝えて。

## 夫が家で主体的に動かないのは男女の違い？

仕事に育児に家事に……と追われているのに、夫は気づきもしないし、言わないと手伝わない、そう嘆いている妻は多いです。「どうしてこんなに夫は気が利かないの？」と思ってしまいますよね。性格の問題もありますが、男女の違いも大きいようです。

女性は、家事をしながらでも子どもの異変に気づいたりできますが、男性は頼まれたことしかできないし、女性が求めるかゆいところには手が届かない。これは、男性と女性の脳の違いにあるとも言われているそうです。

だから、夫に自発的に動くことを期待してもイライラが募るだけ。不満が溜まって爆発すると、家庭の雰囲気が悪くなってしまうので、そうなる前にやってほしいことを伝えるのが得策です。

## 夫にやってほしいことをリスト化する

女性は比較的、わからないことでも「こうかな？」と工夫して対処することができます。でも、男性はそうではないケースが多いようです。

では、夫を戦力にするにはどうしたらいいのでしょうか。まず、やってほしいことをリスト化することをおすすめします。察知することができなくても、役割がわかれば動いてくれることも多いもの。あなたがやっていることを一度リストアップして見せてみるといいでしょう。また、「お風呂後の着替え→爪が伸びていたら切る→髪を乾かして歯磨きをする」など、流れがわかるとルーティン化しやすいでしょう。夫が「これは自分の仕事」と認識してくれるようになれば、言わなくてもやってくれるようになります。そういう仕事を増やしていけるといいですね。

# 会社にバレずに副業できますか？

▼バレる可能性はあります。禁止されているなら要注意。

夜はWEBライターの副業で
月に5万円ゲット！
会社で…
ちょっと聞きたいことがあるんだが…
ドキッ
副業バレた!?

## 給与所得はバレるけど事業所得はバレない？

副業がバレるかどうかでいうと、副業先の会社から給与をもらっていればバレます。なぜなら、本業と副業先のそれぞれの会社から源泉徴収されるからです。住民税は源泉徴収によって決まるため、経理担当者が「給与の割に住民税が高い」と気づくのです。

ただし、個人事業などで副業する場合は、自分で確定申告するのでバレにくくなります。事業所得の場合、住民税の払い方を会社の給与から天引きされる「特別徴収」と、自分で納める「普通徴収」の2種類から選択できますが、確定申告時の提出書類で「普通徴収」を選択すれば、自分で住民税を払うことになるので通常はバレません。ただ、普通徴収を希望しても特別徴収されてしまうケースがあるようで、絶対にバレないとは言い切れません。

## 副業がバレると、解雇されたり訴えられる可能性も

副業を認めている職場かどうかを確認しないまま、「これくらいなら大丈夫だろう」とこっそり始める人が見受けられます。バレなければいい、という考え方もありますが、規則違反にあたるので、会社によっては解雇されたり、訴えられたりする可能性も。その点は心得ておきましょう。とくに公務員の副業は法律で原則禁止されているので、そのリスクは高く、会社員でも副業がバレたときの気まずさ、居づらさはあるでしょう。

とはいえ副業自体は、決して悪いことではありませんし、むしろ自分の視野を広げるいい機会にもなります。コロナ禍で、残業や給与が減り、副業を認める会社も増えてきていますので、一度規則を確認しておくといいでしょう。

# できる副業

稼げる金額は人それぞれですが、リスクがほぼなく、気軽に始められる副業をご紹介します。

## 文章力を活かしてウェブライターになる

お手軽度 ★★

ウェブサイトの文章を作成する仕事です。ライターを募集しているサイトなどに直接応募する方法もありますが、クラウドソーシングのサービスに登録して仕事を獲得する人もいます。最初は１文字１円以下という低単価の仕事が多いですが、実力により継続して仕事をもらえたり、単価アップしてもらえることも。

## ウェブサイトを通じて特技を販売する

お手軽度 ★★★

近年、自分の得意なことをスキルとして販売できるウェブサイトやアプリが登場しました。イラストが得意なら似顔絵を描く、占い、作詞作曲、翻訳、ダイエットのアドバイスなどなど、あらゆるスキルが商品になります。

### スキル販売できるサイト

**ココナラ**

個人のスキルを売ったり買ったりできるサービス。登録者数が多く、ビジネスチャンスがあるかも。
https://coconala.com/

**タイムチケット**

個人の時間を30分単位で売り買いできる。写真撮影や家事代行など直接会う仕事も可能な他、フリートークなどその人のキャラクターを活かした仕事も。
https://www.timeticket.jp

## アンケートやモニターでコツコツ稼ぐ

お手軽度 ★★★

アンケートサイトやリサーチ会社のサイトに登録し、日々送られてくるアンケートに回答したり、座談会に参加したりして報酬を得る仕事です。また、モニターとして美容や飲食のサービスを受け、レポートを書いて提出するという仕事も。報酬は案件に応じて数百円～数千円のことが一般的です。報酬のよい案件は人気が高く、早いもの順で決まってしまったり、事前に選考があったりしてなかなか受けられない可能性もあります。始めるための費用がかからず手軽ですが、コツコツ継続していける人に向いています。

# 隙間時間で簡単にスタート

## 得意なハンドメイドで楽しみながら稼ぐ

お手軽度 ★★

アクセサリーや雑貨などを手作りし、ハンドメイド作品の通販サイトなどで売ります。自分で値段をつけられるのはいいところですが、売れるかどうかは買う人次第。趣味を兼ねて楽しみながらできる反面、材料費や制作時間を考えると利益は少ないかも。丁寧な梱包やスピーディーな発送、返品や交換の対応も必要。

## 動画を作成しユーチューバーとして発信

お手軽度 ★★

YouTubeにチャンネルを開設し、自作の動画を投稿します。条件をクリアすれば、動画が再生されると広告料が得られる仕組み。再生回数に応じて報酬が増え、人気ユーチューバーは年収何千万円も稼ぐ一方、収入0～数千円という人がほとんど。魅力的な動画にするためのネタを考えたり、動画編集の勉強をしたりすることも必要です。

YouTube動画に
広告を掲載するには…

- チャンネル登録者数1000人以上
- 公開動画の年間総再生時間
4000時間以上

が必要。この条件を
クリアするのが最初の難関。

## 自分のブログやウェブサイトでアフィリエイトをやってみる

お手軽度 ★★★

自分のブログやウェブサイトを作ってそこに広告を貼り、読んだ人がそれをクリックして商品を購入すると広告代理店から報酬をもらえます。サーバーの設定やブログ開設などの知識が必要ですが、初期費用はサーバー・ドメイン代の月1000円程度のみと、比較的始めやすいのが特徴です。ただ、アクセスを集めるためには、文章やサイトデザインの工夫が必要です。ブログやサイトを作ったあと、アフィリエイト広告を出す会社に登録します。

# 本音を言うと働きたくないのですが…

▼働くことを前向きに考えてみませんか？

## 生活のためだけでなく 自分のために働いてみて

家計に余裕がある、今は家族との時間を大切にしたいから働かないという人もいます。それも1つの考え方。でも、現実的に収入増が必須なら、仕事に就くのが近道です。働き方は、大きく3つに分類できます。

①会社員として組織で働く

決められた時間に仕事をして給与をもらうという働き方。契約社員や派遣社員も。

②フリーランスとして個人で働く

組織に縛られず、自分のスキルを活かして仕事をする働き方。

③自分が経営者として働く

組織を自分自身でつくる働き方。自分のお店を出すなどの小規模な組織も。

満員電車の通勤が嫌、職場の人間関係が嫌だと思うなら②の働き方が合いそうですし、安定を選びたいと思うなら①が向いているかもしれません。こんな働き方は嫌だ、こんな不安を解消したいということを考えてみると理想の働き方が見えてきます。

仕事のどんな点に喜びを感じるのかということも大事です。自分の居場所があること、人の役に立っているという満足感、組織の中で評価されること、自分が携わったものが世の中に出ることなど。少しでも自分が認められ、社会に関わっている実感を得られる場所で働きたいですよね。そのための転職や就職、起業なら、やってみたいと思いませんか？ 毎月数万円でも、自分で稼いだお金があるというのは素晴らしいことです。何かチャレンジしたいと思っても、パートナーが稼いだお金を使うのはためらうこともあるはず。生活のためはもちろん、自分の自由のためにも働くことをおすすめします。

# 「仕事」に関するおすすめ本

Column

仕事や働き方に悩んだら、本を読むことでヒントをもらえるかもしれません。監修の相田良子さんおすすめの本を紹介します！

## 働き方を考えたい

『“好き”を仕事にできる人の本当の考え方』
著：岡崎かつひろ（きずな出版）

好きなことを仕事にできたらと思う人にも、自分の好きなことがわからない人にも、仕事を楽しくする実践的な方法を教えてくれる本。

『100歳までのしあわせ未来地図　～ライフシフトマップ～』
著：井上野乃花（主婦の友社）

自分の未来がわからない…と悩む人は、ライフシフトマップ（未来の地図）を作ってみるのもおすすめ。未来を「見える化」することで自分らしい生き方が見えてきます。

『感情に振りまわされない―働く女《ひと》のお金のルール　自分の価値が高まっていく稼ぎ方・貯め方・使い方』　著：有川真由美（きずな出版）

働き方とお金について、著者の経験に基づいて書かれた本。「60歳までコツコツ貯金するより、60歳から、毎月10万円稼げる自分をめざす!!」という言葉が心に響きます。

『「私らしく」働くこと　自分らしく生きる「仕事のカタチ」のつくり方』
著：一田憲子（マイナビ出版）

さまざまな世代の働く女性のインタビュー集。迷いや決断についてもリアルに語られており、きっと共感できる考え方・新たな発見が見つかるはず！

## 転職・再就職したい

『何もなかったわたしがイチから身につけた稼げる技術　女性のための「カセギスキル」』
著：和田裕美（ダイヤモンド社）

自分で稼ぎ、自立した女性になるための考え方、スキルがわかりやすく解説されています。再就職したい人、自分には特別なスキルがないと悩む人におすすめです。

『成功する転職面接　成否の9割は「準備」の質で決まる』
著：末永雄大（ナツメ社）

転職活動を始めたら、1冊は面接本に目を通しておくのがおすすめ。どんな人が求められるのか、どのような準備をしておけばいいのかが具体的にわかります。

## 副業・複業を考える

『お金のポケットが増える スゴイ！稼ぎ方』
著：山﨑拓巳（かんき出版）

1つの収入にとらわれない、「お金のセブンポケッツ」を提案する本。具体的な考え方や方法がわかりやすく解説されています。将来への不安が消えていくかも。

# これからの
# 職業図鑑

転職したいけれど、今からは無理?
私に向いている仕事は何? 仕事選びで悩んでいる
人に向けて、おすすめの職業を集めました。
できるだけ「これから目指せる」「将来性のある」
ものをセレクトしています。

# 医療事務

## 病院の事務を担当しながら患者の心と病院経営を支える

今後の発展

不況に強い

再就職しやすい

病院やクリニックで、受付やカルテの管理、診療費の計算など、医療に関わる事務処理を担当するのが医療事務です。医療事務の仕事は主に3つあり、その1つが来院した患者に保険証の提示を求めたり、患者から診療費用を受け取ったりする「受付・会計業務」です。また、患者の呼び出しなどを行ない、患者と医師・看護師を繋ぐ「クラーク業務」もあります。さらに、診察が終わった患者にレセプト（診療報酬明細書）を作成する「レセプト業務」があり、これは医療事務の専門性がとくに発揮される業務です。受付や処方箋などの窓口業務も数多くこなしていくため、病気になって不安を抱える患者の気持ちを汲み取り、こまやかに心配りできる人が向いています。また、提出期限のあるレセプト業務をこなせるよう、真面目さや手際よく仕事ができる要領のよさも求められます。

### どうやったらなれるの？

高校卒業後、医療事務の専門学校に進学。医療事務の専門知識を身につける

または、専門学校卒でなくとも就職できるなら、医療事務に関わる資格を取得

▼

医療事務員として、病院や医院、リハビリセンターなどの医療機関に就職

◇ 医療事務技能審査試験（メディカルクラーク）

◇ 診療報酬請求事務能力認定試験など

### うれしいこと

- 未経験でも応募可能な求人があり、働きながらスキルや知識を身につけられる
- 女性が多い職種で、さまざまな勤務形態があり、子育て中でも働きやすい

### 大変なこと

- カルテやレセプトの作成方法、改正に伴う医療制度など、覚えることが多い
- 勤務先によっては、月に一度あるレセプト作成作業が忙しく、残業することも

### 基本DATA

**給料**

月収16万円程度から。熟練者は1週間で4～5万円程度

**勤務形態**

正社員や契約社員、パートなど、勤務形態はさまざま

**勤務場所**

病院や医院、リハビリセンターなどの医療機関や障害者福祉施設など。全国に勤務先あり

**休日** 日祝日

**ライフワークバランス**

★★★★☆

対人 ―――― 対物

体力 ―――― 知力

## 1日のスケジュール

- 7:30 出勤。着替えや清掃、予約患者のカルテチェック、朝礼
- 8:00 受付開始。保険証の確認や問診票への記入を依頼、カルテ作成など。日によって、会計業務を担当することも
- 11:00 診察中や会計待ちの患者が帰れば、午前診療の受付終了
- 11:30 昼休憩。スタッフが多い大きな病院では、早番・遅番のシフト制を採用
- 12:30 午後診療の受付開始。順番に患者を案内していく
- 15:00 受付終了。受付周辺などを片付けて、翌日に対応する予約患者のカルテを準備。待合室などを清掃したら帰宅

※病院に勤務する場合

### 体験談

S・Aさん（50代）

**患者さんそれぞれに合わせた対応を心がける**

足腰が悪い、耳が遠いなど、病院にはさまざまな方が受診に訪れます。それぞれの患者さんに合わせた対応を心がけることで、「あなたが受付でよかった」と声をかけてもらえることも。ただし、診察までの待ち時間に耐えきれず、クレームが来ることもあるので、覚悟しておいたほうがいいでしょう。待ち時間を少しでも減らす工夫をしたり、説明の仕方を考えたりする必要があります。

## ライフスタイルに合わせて勤務形態を選べる

医療事務の勤務形態は、正社員や契約社員、パート・アルバイトなど、さまざまです。そのなかから、自分のライフスタイルに合わせた働き方を選択できます。例えば、独身時代は夜勤が発生する正社員として働き、結婚・出産後は時短勤務できるパート・アルバイトとして働くことも可能です。ただし、勤務条件は就職先によって違うので、応募時に確認する必要があります。

## 毎月のレセプト業務では残業になりやすい

医療事務になると、月末・月初のレセプト業務のために、長時間残業を経験する人がほとんどです。患者1人につき1枚ずつ作成する必要があるレセプトは、作成方法が細かく決められています。また、提出期限は1週間しかないため、短時間で正確に処理しなければなりません。ただし、レセプト作成期間も他の業務が重なるので、勤務時間内に終わらなければ残業になってしまいます。

## 人気が高く、再就職が難しくなることも

ライフステージが変わっても続けやすい医療事務は、人気の高い職業です。そのため、募集があっても、その枠はすぐに埋まってしまいます。たとえ資格を持つ経験豊富な30~40代の人でも、就職できないケースは少なくありません。紹介やツテの人が採用されたり、長く働くことができそうな若手が選ばれたりすることが多いからです。再就職の難しさも念頭に入れておきましょう。

# 看護師

## 医師をサポートしながら患者の心と体に寄り添う！

今後の発展

不況に強い

再就職しやすい

看護師は、医療現場で医師の診察を補助したり、患者の療養上の世話をしたりする仕事です。注射や点滴、血圧の測定、手術の準備、食事や入浴の介助などを行ないます。また、それだけではなく、病気や怪我によって不安を抱える患者の精神的なケアも行なう立場です。看護師の免許区分は「看護師」と「准看護師」の2つに分かれています。看護師は自らの判断で業務を行なえる一方、准看護師は、独自の判断では動けず、医師や看護師の指示に沿わなければなりません。どちらになるにせよ、夜勤などがあって変則的なスケジュールになりやすく、心身が丈夫であることが求められます。また、患者が安心して過ごせるように気配りすることができ、緊急時も冷静に判断することができる人に向いている仕事です。さらに、進化を続ける医療の現場で、勉強し続ける姿勢も必要です。

### どうやったらなれるの？

看護専門学校や看護短期大学、看護大学で、3年または4年の専門課程を修了

または、中学か高校を卒業し、准看護学校を卒業後、看護学校2年課程を修了

▼

看護師国家試験に合格してから、病院や診療所、福祉施設などに就職する

◇ 看護師国家試験に合格し、看護師免許を取得

◇ 受験資格を得るため、所定の専門教育を修了

### うれしいこと

- 患者の不安や悩みに寄り添うことで、精神面でも支えになることができる
- 慢性的な看護師不足によって需要が高い。資格があれば、就職先に困らない

### 大変なこと

- 人の命に関わる仕事。ミスが起きないよう、常に細心の注意を払う必要がある
- 一日中走り回り、患者を移動させるときに腰を痛めるなど、体力的にもハード

### 基本DATA

**給料**

月収20万円程度から。勤務先によって大きく変わる

**勤務形態**

正社員や契約社員の他に、パートや派遣社員なども

**勤務場所**

病院や診療所、福祉施設、リハビリセンターなど。保育園やテーマパークの救護室なども

**休日** 週1〜2日

**ライフワークバランス**

★★★☆☆

対人 ・―――――――――・ 対物

体力 ・―――――――――・ 知力

### 1日のスケジュール

- 7:10 出勤。担当患者の情報収集や医師からの指示を確認
- 8:00 夜勤スタッフから、担当患者の状況の申し送りを受けたら業務開始。朝食の介助や薬の配付などを行なう
- 10:00 ナースコールに都度対応。検温や入浴介助などを行なう
- 13:00 他のスタッフと交代で昼休憩を取り、午後の業務を開始する。検査を行なう患者を検査室に送迎する
- 14:00 午後の検温やバイタルチェックをして、看護記録を作成
- 16:00 日勤のチームリーダーに担当患者の状況を報告したら業務時間終了。月に一度、勉強会があることも

※大学病院にて、日勤で働く場合

### 体験談

**S・Oさん**（30代）

**大切な命を預かるために患者さんの状態を把握する**

3年間ほど医療事務を経験し、より専門的な仕事に就きたいと考え、看護師になりました。看護師になって感じたのは、覚えることの多さと勤務形態が不規則なことです。1つ作業するにしても、担当患者さんの病気の状態をしっかりと把握する必要があります。また、命を預かる仕事なので、スピードや正確さも求められます。ミスが許されない現場で、日々責任の重さを痛感しています。

## 結婚・出産後もキャリアを積める仕事

看護師は、ライフスタイルが変わっても、キャリアを積んでいきたい人に向いています。常に需要があり、パートナーの転勤に伴い退職したとしても、「ナースバンク（看護師の就職を支援する無料職業紹介サービス）」に登録すれば、転居先での再就職が可能です。いくつかの勤務スタイルがあり、自分に合った働き方を選べる魅力も。そのため、結婚・出産後なども復帰しやすくなっています。

## 30代以降から看護師を目指す人も！

年齢制限がなく、常に売り手市場の看護師になろうと、30代40代から目指す人が増えています。看護学校の中には、生徒の半数以上が社会人経験者のクラスも少なくありません。看護師の就職先は、病院などの医療機関だけではなく、保健や福祉の場などたくさんあります。そこで、これまでの社会人生活で培ってきた経験や社会性などをアピールすれば、採用されやすくなるでしょう。

## 勤務先によってハードワークになってしまう

ライフスタイルの変化があっても働きやすく、女性から人気のある看護師ですが、ハードワークになるかどうかは勤務先次第です。3交代制で、日曜日や祝日関係なく勤務する病院などもあります。そのため、希望する働き方に合わせて、勤務先を選びましょう。院内託児所を設けて働きやすい環境を整えている病院もあるので、そのような場所では出産後も安心して働くことができます。

# 歯科衛生士・歯科助手

## 歯や口腔をはじめとした健康づくりをサポート!

今後の発展

不況に強い

再就職しやすい

歯科医師をサポートする仕事のことです。歯科衛生士は歯科診療の補助だけではなく、歯石取りや歯磨き指導を行なうことができます。一方、歯科助手が行なえるのは受付事務やカルテの管理などで、歯科衛生士とは違って「患者の口の中に手を入れての仕事ができない」と法律で決まっています。歯科医師をタイミングよくサポートすることが求められるため、丁寧な気遣いができたり、先を読んで行動したりすることができる人に向いています。

### どうやったらなれるの?

高校卒業後、専門学校や短期大学、大学など歯科衛生士養成学校で基礎を学ぶ

▼

歯科衛生士の国家試験に合格する

▼

歯科医院や大学病院などに就職して、歯科衛生士として経験を積む

◇ 歯科衛生士は、国家資格「歯科衛生士」の取得が必須

◇ 歯科助手は特定の資格は不要(資格認定制度、その他民間資格あり)

### うれしいこと

・患者の中には、治療に伴う痛さに不安を抱える人も。その気持ちをケアしながら、虫歯などを改善し、患者の笑顔を見られること

### 大変なこと

・1日中、診療補助をしていると腰痛や目の疲れなどが出ることも

・患者との関係性を築くために対処や処置に気遣い、気疲れしやすい

### 1日のスケジュール

| | |
|---|---|
| 8:30 | 出勤。診療に必要な器具の準備などを行なう |
| 9:00 | 1人あたり30分程度で、担当患者の診療サポート |
| 13:00 | 昼休憩。診療開始の5分前に準備 |
| 15:00 | 診療再開。アシスタント業務も |
| 16:30 | 診療の合間に、納入業者の対応 |
| 19:00 | 業務終了。器具の片付け、帰宅 |

※日勤で働く歯科衛生士の場合

### 基本DATA

**給料**

月収16万円程度から。公的機関での勤務は公務員扱い

**勤務形態**

正社員やアルバイトなど。ブランク後も再就職しやすい

**勤務場所**

歯科医院や医科、歯科大学病院の外来など。勤務先によっては専門性が問われることも

**休日** 勤務先による

**ライフワークバランス**

★★★★☆

対人 ―――――― 対物

体力 ―――――― 知力

# 登録販売者

「医薬品の専門家」として
一般用の医薬品を販売する

今後の発展
不況に強い
再就職しやすい

医薬品のスペシャリストとして、一般医薬品の販売・カウンセリングを行なうのが登録販売者です。一般用医薬品についての適切な情報を提供して、医薬品を販売します。また、食事や運動についてアドバイスするなど、顧客の健康に役立つサポートを行なうことも。勤務先によっては、レジ打ちや品出しなどに対応したり、店舗管理者として従業員を指導したりすることもあります。そのため、マルチな働き方にも対応できる人に向いている仕事です。

## どうやったらなれるの?

登録販売者の試験に合格して、都道府県知事の登録を受ける

▼

就職して、勤務先での「登録販売者販売従事登録」の申請・発行

▼

勤務先で「実務(業務)従事証明書」を申請、正式な登録販売者に

◇「登録販売者」の資格が必須
◇実務経験・学歴は不問で、誰でも受験可能
◇都道府県ごとに試験日などが違うので注意

## うれしいこと

・身につけた医薬品の専門知識で、顧客の健康管理に貢献できる
・コンビニなど一般用医薬品の販売店増加で、活躍できる場所が多い

## 大変なこと

・誤情報を伝えないためにも、膨大な医薬品の知識を学ぶ必要がある
・笑顔でわかりやすく説明するなど、販売員としての能力も必要

## 基本DATA

**給料**
月収19万円程度から。店舗管理者になると年収アップも

**勤務形態**
正社員や契約社員、派遣社員、パート・アルバイトなど

**勤務場所**
薬局やドラッグストア、コンビニエンスストア、家電量販店、ディスカウントストアなど

**休日**
勤務先による。主に平日

**ライフワークバランス**
★★★★☆

対人 ――――― 対物
体力 ――――― 知力

## 1日のスケジュール

| | |
|---|---|
| 8:30 | 出勤。レジ開けや清掃、品出しなど、開店準備をする |
| 9:50 | 簡単なミーティング。声出し |
| 10:00 | 開店。レジや品出し、発注など |
| 12:30 | 他スタッフと交代して昼休憩に |
| 13:30 | 接客。商品の補充なども行なう |
| 18:30 | 遅番のスタッフに引き継いで退勤 |

※早番で、ドラッグストアに勤務する場合

# ベビーシッター

## 保育や子育て経験を活かして子どもの成長を見守る！

ベビーシッターとは、保護者に代わって、主に6カ月から12歳頃までの子どもの世話をする仕事です。子どもと一緒に遊んだり、トイレや食事、お風呂のお手伝いをしたりします。そのような子どもの身の回りの世話だけではなく、保育園や学童保育への送迎などをすることもあり、依頼によって仕事内容はさまざまです。子どもと向き合う仕事のため、どの子どもに対しても愛情を注ぐことができて、その子の健やかな成長のために行動できる人が向いています。

今後の発展

不況に強い

再就職しやすい

### どうやったらなれるの？

短大や専門学校などで、保育士や幼稚園教諭の資格を取得すると有利

▼

登録制のベビーシッター紹介所に登録。需要に応じて勤務する

▼

経験を積み、独立してベビーシッター事業を運営する人も

◇ 資格は必要ないが、働くのに有利な資格あり

◇「認定ベビーシッター」「ベビーシッター資格(JADP認定)」など

### うれしいこと

- 子どもの成長を継続して見守れて、家族のように成長を喜べる
- 子どもと家族のような関係性を築けて、子どもから必要とされる

### 大変なこと

- 依頼者の都合に合わせるので、仕事が急なキャンセルになることも
- 体力のある子どもの遊び相手をするため、タフな体力と精神力が必要

### 基本DATA

給料

一般的にはパートタイム式、時給1,000〜1,600円程度

勤務形態

パートやアルバイト、派遣社員など。正社員は少ない

勤務場所

一般的には、登録しているベビーシッター派遣会社。保育所やベビールームなども

休日

自分が希望する勤務条件による

ライフワークバランス

★★★★☆

対人 ― 対物

体力 ― 知力

### 1日のスケジュール

| | |
|---|---|
| 9:00 | 依頼者宅に訪問して、保護者から子どもを預かる |
| 10:00 | 子どもと遊ぶために、安全に気をつけながら外出する |
| 12:00 | 保護者が用意した昼食を食べる |
| 13:00 | お昼寝。子どもを寝かしつける |
| 15:00 | おやつや遊び。家事をすることも |
| 17:00 | 保護者が帰宅。子どもを引き継ぐ |

# 産後ドゥーラ

## 出産・育児経験を活かして産前産後の母親を支える！

自分の出産・育児などの経験を活かして、身体が変化して精神的にも不安定になりがちな母親をサポートするのが産後ドゥーラです。まだ日本にできたばかりの新しい職業で、周りに頼る人がいない孤独な母親を「育児」や「家事」などの面で支えます。また、家事や育児のサポートの他、育児中の母親が感じる不安を解消する役割も。そのため、親身になって母親の悩みを聞くことができ、依頼者に合わせて柔軟に対応できる人が向いています。

今後の発展

不況に強い

再就職しやすい

### どうやったらなれるの？

産後ドゥーラ養成講座（高等学校卒業資格を有する25歳以上の女性のみ可）を受講して、筆記試験と理事面談に合格

▼

ドゥーラ協会に入会

▼

研修のあと、個人事業主として働けるように

◇ 働くために、特別な資格は必要なし

◇ 上手なケアのため、「産後ドゥーラ養成講座」受講がおすすめ

### うれしいこと

- 育児の経験などを活かし、困っている母親の役に立つことができる
- 個人事業主として活動するので、働く時間や収入を調整しやすい

### 大変なこと

- 仕事に慣れない間は、掛け持ちして収入を増やすことが難しい人も
- 依頼者の自宅が勤務地に。その場所が遠いと、勤務時間が長くなる

### 基本DATA

**給料**

時給2,000～5,000円程度

**勤務形態**

個人事業主。給料や訪問範囲を自由に設定できる

**勤務場所**

依頼者の自宅。個人事業主なので、勤務できる訪問範囲は自分で設定することができる

**休日** 不定期

**ライフワークバランス**

★★★★☆

対人 ―――― 対物

体力 ―――― 知力

### 1日のスケジュール

| | |
|---|---|
| 9:00 | 依頼者の自宅に到着。母親と子どもの様子をヒアリング |
| 9:10 | 今日のサポート内容を相談して、必要なサービスを提案 |
| 9:20 | 昼食用・夕食用の作り置きを調理 |
| 10:15 | 子どもの沐浴 |
| 11:45 | お話ししながら母親にハンドケア |
| 11:55 | 次回訪問を確認し、帰宅 |

※産後1カ月の子どもの育児サポートをする場合

# 保育士・幼稚園教諭

子どもの成長をそばで見守る
厳しくもやりがいのある仕事

子どもに食事などの日常生活や、集団の中で生きていくためのルールなどを教えるのが保育士・幼稚園教諭です。保育士は、厚生労働省が管轄する保育施設で、子どもの身の回りの世話や遊びなどの保育全般を担当します。一方、幼稚園教諭は文部科学省が管轄する教育施設で、子どもたちに生活するための知識を教えます。それぞれ、資格を取得すれば年齢を問わず働けるため、30代以降で未経験から目指す人も。また、保育士資格がなくても、保育士の指示を仰ぎながら、保育士の補助をする「保育補助」として働くことも可能です。どちらも子どもと向き合う仕事なので、子ども好きで体力があり、責任感と根気のある人が向いています。また、スタッフ同士でうまく連携しながら、何十人もの子どもを世話していくので、チームワーク力も必要となる仕事です。

今後の発展

不況に強い

再就職しやすい

## どうやったらなれるの？

最終学歴が高校卒業の場合、児童福祉施設で2年2,880時間以上の実務を経験

▼

年に2回ある保育士試験に合格したあと、保育園の採用試験を受ける

▼

保育士として就職。経験を積んで主任保育士になり、キャリアアップする人も

◇ 保育士は「保育士資格」を取る必要がある
◇ 幼稚園教諭は「幼稚園教諭免許」の取得が必要

※社会人から保育士を目指すケース

### うれしいこと

- お片付けやお絵かきができるようになるなど、子どもの成長を真っ先に見られる
- 保育業界は、常に人手不足。そのため、資格を持っていれば就職先に困らない

### 大変なこと

- 運動会など、園で行なうイベント前には、その準備のために残業をすることも
- 保育園は夏休みや冬休みの期間中も開園するため、まとまった休みを取りづらい

### 基本DATA

**給料**

月収17万円程度から。公務員の保育士は給料が安定

**勤務形態**

公立の場合は公務員やパート。私立の場合は正社員やパートなど

**勤務場所**

保育園や幼稚園、児童福祉施設など。保育士は、商業施設内の託児所や児童館なども

**休日**

シフト制で、週2日程度

**ライフワークバランス**

★★★☆☆

対人 ▼————————— 対物

体力 —▼———————— 知力

### 1日のスケジュール

7:30 出勤して、園児たちの出迎え。健康状態を確認する

9:00 朝の体操をして、朝礼に参加。年齢別クラスに分かれて保育スタート。歌や手遊び、読み聞かせ、お絵かきなど

11:00 給食を配膳。給食の世話をしつつ、食事の様子を見守る

12:00 昼食の後片付けをしたら、お昼寝の準備。園児を寝かしつけ、45分間の休憩に入る。連絡帳を書くことも

14:30 園児が起床。おやつ時間が終わったら、帰りの会を開く

16:00 保護者が迎えに来たら順次園児を引き渡し。教室の清掃や保育日誌を書くなどのデスクワーク後、退勤

※認可保育園で働く場合

### 体験談

**I・Tさん(40代)**

子どもたちを喜ばせるのに
保育士の勉強が活きた

専業主婦でしたが、子育て経験を活かせる保育士の資格を取ることに。3年間かけて、学科試験は合格しました。実技試験では、造形表現(情景・人物の描写や色使いなど)や言語表現に力を入れることで合格！　資格取得後は、保育園でパートを始めました。お絵かきの時間では、実技試験に向けて絵をわかりやすく描けるように特訓したことを活かし、子どもたちの笑顔を引き出せています。

## 保育園と幼稚園の違いは

保育園と幼稚園は子どもを通わせる施設ですが、対象とする年齢や目指す方向性などに違いがあります。まず、保育園は0歳から小学校入学までが対象の福祉施設です。「健やかな保育」が目的なので、栄養バランスの取れた給食があり、昼寝を行ないます。一方、幼稚園は3歳から小学校入学までが対象の教育施設です。「学ぶこと」が目的なので、子どもに教育を行ないます。

## 全国どこでも働ける

保育士や幼稚園教諭の資格があれば、全国で働けるようになります。パートナーの転勤に伴い引っ越しをしても、転居先で仕事を見つけやすいでしょう。ちなみに、保育士の種類には、全国で勤務可能な「一般の保育士」と、3年間は受験した地域のみで勤務可能な「地域限定保育士」があります。ただし、後者になっても、資格取得から3年経過後は全国のどこでも働けます。

## 子育て経験がプラスに

保育士や幼稚園教諭の中には、「子育てが落ち着いたタイミングで、未経験から資格を取得して働き始めた」という人もいます。育児を経験した人であれば、子どもとの関わり方を心得ていて、保護者の気持ちを理解しやすいでしょう。そのため、保育の現場で心強い存在となれます。資格取得を目指す間は、保育士資格がなくても働ける「保育補助」として勤務するのも手です。

# 学習教室指導者

## 生徒のレベルや目的に合わせ子どもたちの学びをサポート

学習教室指導者とは、自宅や自宅付近に教室を開設して、そこで生徒の学習を支援する仕事です。中高生が通う塾や予備校とは違い、学習教室の生徒は幼児や小学生で、教材の準備や宿題の確認、教材への取り組み方を教えるなどして成長をサポートしていきます。また、大手学習教室とフランチャイズ契約を結び、教室を運営する人も。その場合は、生徒を募集したり、面談を通して保護者とコミュニケーションをとったりするなどの業務も発生します。学習教室指導者は、小さな子どもとフレンドリーに接することが求められる仕事です。そのため、指導力や意欲だけではなく、子どもとのコミュニケーションに慣れていて、褒め上手な人が向いています。子育ての経験を活かすことができるので、子育てが落ち着いたタイミングで、未経験から学習教室指導者になる人も少なくありません。

今後の発展

不況に強い

再就職しやすい

### どうやったらなれるの？

教員養成課程や教育学系学部のある大学や短大で「教員免許」を取得する

▼

全国展開する学習教室の指導者説明会へ行き、採用試験に合格・研修を受講

▼

教室を開設して、学習教室指導者に。または、自分で生徒を集めて私塾を開く

◇ 教師や講師の資格・経験は問われない

◇ 教員免許があると、就職で有利になることも

### うれしいこと

- 授業は夕方までで、自宅を教室にすれば通勤時間がなく、家庭と両立しやすい
- 教えた内容を理解できるようになった子どもの喜ぶ顔を間近で見ることができる

### 大変なこと

- 生徒の成績を伸ばしていくために、指導内容や指導法を学び続ける必要がある
- 教室を開設すれば、トラブルや経費の算出などの対応に追われることに

### 基本DATA

**給料**

月収7万円程度から。生徒の人数などによって異なる

**勤務形態**

正社員やパート・アルバイト、フランチャイズなど

**勤務場所**

各地域にある直営の学習教室。自分で生徒を集めて私塾を開く場合は、自宅など

**休日**

勤務先の学習教室による

**ライフワークバランス**

★★★☆☆

対人 ―― 対物

体力 ―― 知力

## 1日のスケジュール

7:30 起床。家族の朝食を作り、仕事のために身支度を整える

9:10 長女を保育園に送り出し、午前中に買い物や掃除、洗濯を済ませる。帰宅時間が遅くなるので、夕食を作り置き

12:00 一時保育で預かってくれる施設に、次女を預ける

12:30 学習教室に到着。授業の時間になったら生徒を出迎えて、学習の仕方や課題についてアドバイスしていく

18:30 夫が長女を迎えに行く。先に夕食を食べてもらう

19:30 学習教室が終了。一時保育に預けた次女を迎えに行く。帰宅したら、夕食やお風呂、寝かしつけを済ませて就寝 ※教室を開設した場合

### 体験談

**K・Hさん（30代）**

**上手な接し方がわかり自分の育児にも活かせた**

学習教室指導者は、学びを通して成長していこうとする生徒さんたちを常に見守る存在です。その立場を経験したことで、子どもの小さな変化や成長に気づく目が養われていきました。子どもの成長をうまく後押しできる「言葉かけ」がわかるようになったので、我が子を育てていくときにも役立つ仕事だと思います。仕事でも家庭でも、子どもの背中を押せることが自信に繋がっています。

## 学習教室なら、家庭と両立しやすい！

中高生を対象とした塾や予備校は、夕方から夜間に授業が行なわれることがほとんどです。そのため、塾や予備校の講師になると、家族と一緒に夕食を囲むことは難しくなるでしょう。一方、幼児や小学生を対象とした学習教室は、夕方までしか授業がなく、夕食時までには帰宅できて、家族と夕食を囲むことができます。家庭と両立させたい人には、学習教室がおすすめです。

## 子育てと両立させるためには、工夫が必要

自宅で教室を開設できる学習教室指導者は、通勤時間を気にする必要がなく、子どもを保育園などに預けなくても働けることが魅力の1つです。ただし、授業中は自分の子どもだけではなく、一度に複数人の子どもを見守る必要があります。そのため、子どもたち全員に目が行き届くように、工夫しなければなりません。例えば、教室内で自分の子どもも勉強させるなどの方法を取りましょう。

## 病気や怪我でも、休みにくい場合も

学習教室を開設した場合、経営者として生徒たちの成長を第一に考えて行動することが求められます。そのため、急に病気になったり怪我をしたり、自分の子どもの学校の行事が入ったりしたからと言って、教室を閉めることは難しいでしょう。受験対策のために通っている生徒がいる場合、集中して受験勉強しなければいけない時期は、休みが取りづらくなります。それらを覚悟する必要があります。

# 心理カウンセラー

## 対話を繰り返して支援するカウンセリングのプロ！

心の悩みを抱えて、日常生活を送ることが困難になっていたり、ストレスに耐えられなくなったりしている人を心理的な方法でケアするのが心理カウンセラーです。臨床心理学の知識や技術を使いながら、対話や心理テストなどを通して、相談者本人が自分で解決策を探っていくことをサポートします。病院や児童相談所など、さまざまな職場での募集があり、勤務先に応じて「常勤」と「非常勤」などの働き方になります。ただし、非常勤の募集は多い一方、常勤の募集は少ないのが現状です。心理カウンセラーは、深刻な問題を相談されることもある立場なので、精神的にタフでなければ務まりません。どのような相談を持ちかけられても、物事を冷静に判断・分析しながら対応できる人が向いています。資格取得後も定期的な更新審査があるので、常にレベルアップが求められる仕事です。

- 今後の発展 ○
- 不況に強い ×
- 再就職しやすい ×

### どうやったらなれるの？

大学を卒業後、日本臨床心理士資格認定協会が指定する大学院を終了する

▼

臨床心理士の資格認定試験を受けて合格後、臨床心理士として病院などに就職
（ただし、第二種指定大学院を終了した場合、実務経験が1年以上必要に）

◇ 臨床心理士の場合、臨床心理士（日本臨床心理士資格認定協会）」の資格が必須

◇ 5年ごとに、臨床心理士資格の更新審査あり

### うれしいこと

- 心の病に悩む人と向き合い、カウンセリングにより、その人の役に立てたとき
- 診療時間が限られる学校などに就職すれば、家事や育児との両立がしやすい

### 大変なこと

- 成果が出ないときでも、最後まで根気強く相談者と向き合う必要がある
- 研修会や先輩カウンセラーに指導を受けるなど、勉強が一生続いていくこと

### 基本DATA

**給料**
月収15万円程度から。勤務先によって異なる

**勤務形態**
正社員やパートなど。非常勤で職場を掛け持ちする人も

**勤務場所**
病院の心療内科や精神科のほか、福祉施設や学校、一般企業などでも募集がある

**休日** 週2日程度

**ライフワークバランス**
★★★★☆

対人 ─ 対物

体力 ─ 知力

### 1日のスケジュール

9:00 出勤。メールチェックしてから、他のスタッフと朝礼

10:00 カウンセリングのスタート。社内に設けられた相談室で、事前予約に沿って、社員をカウンセリングしていく

13:00 昼休憩のあと、午後のカウンセリングをスタート

15:00 休職中の社員の復職プログラムのサポートや、メールで相談を受けた社員の悩みに対し、丁寧に返信していく

16:30 社員が働きやすくなるよう、労働環境の改善策を提案

17:30 事務処理を行なう。カウンセリング資料の読み込みや翌日の準備など、その日の仕事がすべて終われば退勤

※産業カウンセラーの場合

### 体験談

M・Eさん（30代）

**複数の職場を掛け持ちしさまざまな経験が積める**

公認心理師・臨床心理士として、精神科クリニックやカウンセリングルーム、放課後等デイサービスを掛け持ちしながら働いています。そこでは、心理検査やカウンセリングをするなど、専門職大学院で学んだことを活かせる場面も。勉強時間や準備時間が多くて大変ですが、心理職の専門性を活かすことができ、形態の違う事業所で働くことで、さまざまな経験を積むことができています。

## 心理カウンセラーを名乗れる民間資格も！

心理カウンセラーになるためには、主に2つのルートがあります。1つは国家資格の「公認心理師」や、民間資格の「臨床心理士」を保有することです。ただし、これらは大学や大学院を卒業していないと取得が難しくなります。2つ目は「産業カウンセラー」や「教育カウンセラー」などの民間資格を取得するルートです。これらを取得しても心理カウンセラーと名乗ることができます。

## 多様な場所で、いろいろな人の相談に乗れる

心理カウンセラーの勤務先は、病院や学校、児童相談所だけではありません。一般企業や裁判所、福祉施設など、幅広い場所で活躍できる仕事です。勤務先に応じて、心理カウンセラーにはさまざまな役割が期待されています。例えば、児童相談所では、子どもに心理テストを行なって、児童福祉司などに助言することも。勤務先に合わせて、常勤でも非常勤でも働けることが魅力です。

## 女性は多いが、引き継ぎが難しくなる場合も

心理カウンセラーになる人は男性よりも女性のほうが多く、臨床心理士の有資格者は70%以上が女性だとも言われています。女性が多い理由は、常勤や非常勤などさまざまな働き方があり、診察時間が限られている職場だと、家庭と両立しやすいからです。ただし、自分に信頼を寄せる相談者を、別のカウンセラーに引き継ぐことは簡単ではなく、妊娠のタイミングには配慮が求められます。

# ホームヘルパー

## 介護サービスを提供して介護を必要とする人を助ける

ホームヘルパー（訪問介護員）とは、高齢者や身体が不自由な人の自宅を定期的に訪問して、介護と家事を手伝う仕事です。週に1～3回程度、利用者宅を訪問し、1回につき2時間前後のサポートを行ないます。利用者宅では、食事の世話や入浴、排泄など、利用者の身体に直接触れて介助する「身体介助」や、掃除や洗濯など日常生活に必要な家事を援助する「生活援助」を行ないます。また、利用者が病院などに行くときに付き添う「通院介助」をすることも。健康問題などの相談を受けたら、アドバイスをしたり、役所と連絡を取ったりするのもホームヘルパーの仕事です。いい加減な気持ちでできる仕事ではないため、責任感を持って人を世話できる人が向いています。利用者の金銭などを預かる場面もあり、積極的にコミュニケーションを取ることで、信頼関係を築いていくことが必要です。

今後の発展

不況に強い

再就職しやすい

### どうやったらなれるの？

各自治体が指定する養成機関で「介護職員初任者研修」の講座を受講、資格取得

▼

福祉施設などに就職

▼

現場で経験を積み、試験に合格すれば、介護福祉士やケアマネジャー（介護支援専門員）に

◇ 資格を取得すればキャリアアップを望める

◇ 介護職の基本資格「介護職員初任者研修」など

### うれしいこと

- 利用者から感謝の言葉を直接もらえて、人の役に立っていることを実感できる
- 利用者の生活を支えるために得た知識は、自分の家族の介護にも活かせる

### 大変なこと

- 体力的にはきつい仕事だが賃金が低く、急なキャンセルなどで収入が減る
- 利用者宅でコミュニケーションを取りながら、基本的に1人で介護すること

### 基本DATA

給料

月収15万円程度から。経験を積めば給料アップも

勤務形態

正社員やパート、勤務条件を登録する登録ヘルパーなど

勤務場所

福祉施設や訪問介護事業所など。就職先として一般的なのは、訪問介護事業所

休日　不定期

ライフワークバランス

★★☆☆☆

対人 ―――――― 対物

体力 ―――――― 知力

### 1日のスケジュール

- **8:30** 事務所に出勤。訪問準備をしてから、利用者宅へ移動
- **9:00** 約束の時間に遅れないように、利用者宅に到着。利用者にあいさつをしたら、サービス内容をわかりやすく説明する
- **9:15** 排泄介助のほか、利用者の着替えや身支度も手伝う
- **12:00** 食事介助。食事ができない利用者に食事を食べさせる。それが終わったら、後片付けや投薬の介助、病院の送迎
- **16:30** 全身を清潔に拭く、洗髪をするなどして、入浴を介助
- **17:30** 事務所へ戻る。利用者にサービスを提供した記録を作成。上司やケアマネジャーに困りごとの報告や相談をする ※身体介助を担当する場

### 体験談

M・Mさん（30代）

**利用者の気持ちを汲んで時間内に介護をこなす！**

利用者さんの要介護度によって、ヘルパーを利用できる時間は変わります。その決められた時間内で、利用者さんのしてほしいことを汲み取り、優先順位をつけながらサポートしていく能力が求められます。うまくサポートすることができれば、利用者さんやご家族の方が喜んでくださることも。なかには話し相手をするだけで喜んでくださる方もいて、その笑顔を見るとうれしくなります。

## 主婦として培ってきたスキルを活かせる！

ホームヘルパーは、主婦業に励んでいる人にも向いています。掃除や洗濯などの生活援助には、日頃から取り組んでいる家事のスキルが活かせるからです。また、24時間対応型のサービスを提供する事業所に就職しなければ、夜勤はありません。そのため、家事や育児と両立しやすい仕事です。専業主婦から仕事復帰したいときでも、これまでの経験を活かしながら始められるでしょう。

## 「腰痛」はホームヘルパーの職業病

ホームヘルパーの中には、腰痛を抱える人がたくさんいます。身体介助の場面では、ベッドから車椅子に移動させるために利用者を抱き上げたり、前かがみや中腰の姿勢でオムツ交換をしたりする場面も。そのとき、ホームヘルパーの腰には大きな負担がかかるからです。腰痛を悪化させないように、腰ベルトやコルセットなどで対策をしながら働いているホームヘルパーもいます。

## 体力が必要で、タフな精神力が求められる

腰痛が悪化したことにより、退職を余儀なくされるホームヘルパーも。また、腰痛にならなくても、仕事中は肉体的なつらさを感じやすい仕事です。利用者の気持ちをすべて汲むことは難しく、文句を言われたりすることもあるでしょう。そんなときは、精神的なつらさも感じるはずです。仕事を長く続けたいのであれば、体力・精神力ともにうまくバランスを取る必要があります。

# 介護福祉士

## 身体介助や生活援助を行ない介護が必要な人の助けになる

今後の発展

不況に強い

再就職しやすい

介護老人ホームや福祉施設で、介護が必要なお年寄りや障害のある人を介護するのが介護福祉士（ケアワーカー）です。国家試験に合格しなければ、「介護福祉士」と名乗ることはできません。主な仕事は、利用者がスムーズな日常生活を送れるように、食事や入浴、排泄、歩行などの介助をします。また、利用者の精神的な支えになるだけではなく、利用者の家族や介護現場で働くヘルパーにアドバイスすることも。現場のリーダーとして、介護の専門知識や技術を伝えながら指導する立場です。一日中、人と関わる仕事なので、常に人と接してもストレスを感じづらかったり、自分の気持ちをコントロールできたりする人が向いています。また、丈夫な身体と十分な体力はもちろんのこと、利用者の体調が悪くならないように、利用者の様子が変わったことに気づける観察眼も必要です。

### どうやったらなれるの？

介護福祉士の受験資格を取得できる福祉系の短大や専門学校、大学の福祉学部などを卒業

または、現場で介護経験を3年以上積む。受験資格を得て、介護福祉士の国家試験に合格

▼

老人福祉施設や障害者福祉施設、介護サービス会社などに就職。経験を積む

◇ 国家資格である「介護福祉士」の取得は必須
◇ 超高齢化社会なので資格があると就職に有利

### うれしいこと

- 介護福祉士の知識を活かし、経験を積んでいくことでスキルアップできる
- 利用者がフォローなしでも自立できて、生き生きとしている姿を見られる

### 大変なこと

- 一日中、多くの利用者の食事や入浴などの生活介助をするので、体力が必要
- 施設は24時間体制で稼働しているため、週に何度か夜勤が発生すること

### 基本DATA

給料　月収15万円程度から

勤務形態

正社員や契約社員、派遣社員など。非正規職員が多め

勤務場所

特別養護老人ホームやデイサービスセンター、老人保健施設、障害者福祉施設など

休日　週1～2日

ライフワークバランス

★☆☆☆☆

対人 ―――――――――― 対物

体力 ―――――――――― 知力

### 1日のスケジュール

8:30 出勤。朝食の片付けや清掃、排泄介助、健康チェック

9:30 夜勤スタッフからの申し送りを受けたあと、入浴・排泄・外出の介助、介護記録の記入、洗濯などを行なう

11:30 利用者の昼食を準備する。必要に応じて食事介助も

14:00 外食を希望する入居者の介助をしたあと、排泄介助や外出支援、入浴介助などをしてから昼休憩に入る

15:00 休憩前と同様に、排泄や入浴など生活介助を行なう

17:00 おやつの準備やレクリエーションを行なったあと、散歩などの支援や身体測定。夜勤スタッフに引き継いで退勤

※介護付き有料老人ホームに勤務する場合

### 体験談

**T・Nさん(20代)**

**体力勝負の現場だが感謝されるとうれしい**

特別養護老人ホームに勤務している今は、忙しく動き回る毎日です。卒業した福祉系の専門学校での実習で、身体が不自由な方にどのようなサポートができるのか、考えさせられました。その経験が、今の仕事に活きています。一日中、体力を使うので決してラクな仕事ではありませんが、利用者の方から感謝の言葉を言われるたびに、人の役に立っていることを実感でき、やりがいを感じます。

## ホームヘルパーとは資格の有無や仕事の領域が異なる

ホームヘルパーと混同されがちな介護福祉士ですが、資格の有無や仕事の業域などに違いがあります。まず、ホームヘルパーは資格がなくても働くことができる一方、介護福祉士になれるのは国家資格を取得した人のみです。また、基本的な仕事内容は変わらないものの、介護福祉士は「介護のスペシャリスト」として、現場の責任者や利用者に対する介護の指導を行なう立場にいます。

## スキルアップを実感できるやりがいある仕事

新しい介護の知識やスキルなどが求められている中、介護福祉士になれば、日々スキルアップできることを実感するでしょう。介護福祉士は、食事や入浴などのさまざまな介助の経験を積み重ねたり、カンファレンスに参加して知識を学んだりすることができるからです。経験を活かしてケアマネジャーなどを目指せば、日中に働けて家庭との両立もしやすくなります。

## 夜勤によって体調を崩してしまうことも……

入所型の介護施設で働くと、定期的な夜勤が発生します。日勤と夜勤の2交代制の場合、日勤では9～18時、夜勤では17～翌10時の時間帯で働くことに。夜勤になると、利用者の安否確認や排泄介助などを夜通し行なうため、生活リズムを維持することが難しく、体調を崩す可能性もあります。夜勤明けなどは、睡眠を十分に取ることで、体力を回復させることが大切です。

# 栄養士・管理栄養士

「食」から健康を支える
食と栄養のスペシャリスト!

栄養士・管理栄養士は、医療現場や学校などで、食事・栄養についてのアドバイスや、献立作成など食事管理をする仕事です。どちらも栄養指導を行ないますが、その対象は異なります。栄養士は健康な人を対象とする一方、より高度な専門的知識を持つ管理栄養士は、病気の人や高齢者にも栄養指導を行なえるのです。また、管理栄養士になると、食品や薬の開発に携わることも。食品の栄養素などを正確に計算するため、こまやかな性格の人に向いています。

今後の発展 ○
不況に強い ×
再就職しやすい △

## 基本DATA

**給料**

月収15万円程度から。管理栄養士のほうが給料は高い

**勤務形態**

正社員や公務員、パートなど。女性の割合が多い職業

**勤務場所**

学校や保健所、行政機関、病院、フィットネスクラブ、福祉施設、食品メーカーなど

**休日**

勤務先による。学校であれば、土日祝日

**ライフワークバランス**

★★★★☆

対人 ―――――――― 対物

体力 ―――――――― 知力

## どうやったらなれるの?

大学や短大などの指定養成施設を卒業して、栄養士の資格を取得

▼

栄養士として保健所などに就職して、所定期間の実務経験を積む

▼

管理栄養士国家試験に合格すれば、管理栄養士として働けるように

◇ 栄養士の資格取得は、試験を受ける必要なし

◇ 養成施設卒業時、栄養士の資格を取得可能

◇ 管理栄養士は国家試験に合格する必要がある

## うれしいこと

・栄養指導をした人が、健康な身体になっていく姿を見ることができる

・食事や栄養の専門知識が身につき、プライベートの食事にも役立つ

## 大変なこと

・勤務先によっては、献立づくりから後片付けまで行なうので多忙に

・管理栄養士は食事の監督をするので、体力だけではなく気力も必要

## 1日のスケジュール

| | |
|---|---|
| 8:00 | 出勤。食品の状態や調理に使う器具などを確認する |
| 8:30 | 調理師と調理方法などを打ち合わせてから調理スタート |
| 12:00 | 完成した給食を各学年に届ける |
| 13:30 | 完食度を確認し、昼休憩 |
| 14:30 | 経費計算や食材の発注、献立考案 |
| 16:00 | 明日の打ち合わせをしたあと退勤 |

※学校に勤務する栄養士の場合

# フードコーディネーター

## 幅広い分野で活躍できる「食」のスペシャリスト

「食」にまつわるプロデュースやコーディネートを担当するのがフードコーディネーターです。活躍できる場所は食品メーカーや外食産業、マスコミ分野など、多方面にわたります。そのなかでマーケティングや商品開発、レシピ作成だけではなく、料理のスタイリングや雑誌記事・単行本の企画執筆などに携わることもできる仕事です。食に関するあらゆるニーズに応えていく必要があるため、食に関する専門知識があり、食に興味関心を持っている人が向いています。

△ 今後の発展

× 不況に強い

△ 再就職しやすい

### 基本DATA

**給料**

月給21万円程度から。フリーで人気があると年収は高い

**勤務形態**

正社員や派遣、アルバイト・パート、フリーランス

**勤務場所**

食品メーカーや食品専門の商社、飲食店や飲食のコンサルティング会社、料理教室など

**休日**

(会社員)週休2日制、(フリーランス)不規則

**ライフワークバランス**

★★★☆☆

対人 ―――――――― 対物

体力 ―――――――― 知力

### どうやったらなれるの?

調理系の専門学校やスクールで、必要な基礎知識を身につける

▼

卒業後、食品メーカーや外食産業などに就職して、経験を積む

▼

企画開発・商品開発部門などで、他の業務と兼任しながら働く

◇ 必須となる特別な資格・学歴は特になし

◇ 就職・転職で能力を示せる民間資格はある

◇「フードコーディネーター資格認定試験(FCAJ認定)」

### うれしいこと

・テレビや雑誌などを通して、自分の開発した商品やレシピなどをたくさんの人に知ってもらうことができ、その感想をもらえること

### 大変なこと

・分刻みのスケジュールで料理撮影などをこなすため、体力が必要

・ニーズに応えるレシピ考案のため、試作を繰り返す必要がある

### 1日のスケジュール

8:00 打ち合わせ。料理のテーマを話し合い、レシピ提案

9:00 レシピ考案。決定したテーマに沿ったレシピを考える

10:00 料理の試作や写真・動画の撮影

14:00 料理を試食、調整して修正

16:00 料理の詳細をまとめる

18:00 レシピを納品したら、業務終了

※料理撮影がある日

# 調理師

## 食べた人が笑顔になるような おいしい料理を提供する！

今後の発展
不況に強い
再就職しやすい

飲食店の厨房などで、調理専門のスタッフとして働くのが調理師です。調理のほかにも、食材の仕入れや衛生面の管理などを任されています。修業を積んだ人しか雇われない洋食店や割烹などだけではなく、外食チェーンや企業の社員食堂など、活躍できる場所はたくさんあります。ただし、「調理師」と名乗るには国家資格が必要です。さまざまな人に美味しい料理を提供する必要があるため、確かな調理技術や繊細な味覚、発想力などを持つ人が向いています。

### どうやったらなれるの？

厚生労働大臣が指定する調理師養成施設で、知識を学び卒業

または、2年以上の実務経験を経て、調理師免許試験に合格する

▼

飲食店に就職後、独立。開業してオーナーシェフになる人も

◇ 国家資格である「調理師免許」が必要
◇ 調理師養成施設を卒業後、資格が付与される
◇ それ以外は、国家試験を受ける必要あり

### うれしいこと

- 性別や年齢関係なく、実力があれば料理長などに昇進できる
- 独立開業して、繁盛店にすることができれば、高収入を見込める

### 大変なこと

- 開業した店を1人で切り盛りする場合、産休中は休業することに
- 一日中、立ち仕事でキッチンを動き回るため、体力が求められる

### 1日のスケジュール

| | |
|---|---|
| 8:00 | 市場に行って、今日の料理で使う食材を仕入れる |
| 11:00 | 店に戻り、料理の仕込みをする |
| 13:30 | 仕込みが終わったあと、昼休憩 |
| 16:00 | 店内の清掃など、開店前の準備 |
| 17:00 | オープン。オーダーを受けて調理 |
| 24:30 | 閉店後、後片付けをし、退勤 |

※飲食店に勤務する調理長の場合

### 基本DATA

**給料**
月収17万円程度から。修業時代は給料が少なめに

**勤務形態**
正社員やパート・アルバイト、独立して経営者など

**勤務場所**
レストランや料亭などの飲食店、ホテルの食堂など。学校などで調理を担当する人も

**休日** 不定期

**ライフワークバランス**
★★☆☆☆

対人 ―――――――――▼―― 対物
体力 ――▼―――――――――― 知力

# 家政婦

培った家事スキルを活かして
家事全般をスムーズにこなす

今後の発展

不況に強い

再就職しやすい

依頼者の自宅で、頼まれた家事を代行するのが家政婦です。家事の種類は、掃除や料理、洗濯、買い物など、依頼者の要望ごとに異なります。ときには、家事だけではなく、子どもの保育園の送り迎えをしたり、要介護者の介護をしたりすることも。生活に密着したサービスを提供するので、人の役に立っていることを実感しやすいでしょう。そのため、人のために働きたい気持ちが強い人に向いている仕事です。また、気遣いや丁寧さなども求められます。

## どうやったらなれるの？

家政婦紹介所や家事代行サービスに登録。希望労働条件を伝える

▼

条件に合った仕事が入ってきたとき、仕事を紹介してもらえる

▼

経験を積んで信頼を集めれば、依頼者個人と直接契約を交わす人も

◇ 学歴や資格は必要ないが、あれば高待遇にも

◇「栄養士」「管理栄養士」「調理師」など

◇「ハウスクリーニングアドバイザー」など

## うれしいこと

- 普段当たり前のようにしている家事や料理で、人から感謝される
- 週1回2～3時間などの短時間でも勤務可能で、無理なく働ける

## 大変なこと

- 家具や雑貨などを破損・紛失をしないよう、注意を払う必要がある
- 希望する時間帯や曜日に合う仕事がなければ、全く稼げないことも

## 基本DATA

**給料**

時給1,200円程度から。住み込みだと日給は20,000円～35,000円程度

**勤務形態**

パートタイマーが主。正社員としてフルタイムの人も。

**勤務場所**

一般の家庭、または寄宿舎などの施設。通勤で勤務するか、住み込みで働くことを選択

**休日** 希望条件による

**ライフワークバランス**

★★☆☆☆

対人 ―――――――― 対物

体力 ―――――――― 知力

## 体験談

決められた時間の中で、家事を効率的にこなす

T・Yさん（50代）

自宅での家事とは違い、家政婦の仕事には時間制限があります。1件あたり2時間程度しかないなかで、丁寧かつ効率的に家事をこなさなければいけません。時間内にどれだけの家事ができるのかを把握しておくことがおすすめです。

# 葬儀会社スタッフ

## 故人や施主の意向を汲み喪の儀礼をコーディネート

葬儀会社スタッフとは、故人や施主の意向を汲みながら、ご遺体の管理や葬儀の段取りなど、弔いの儀礼をサポートする人のことです。遺族の意向に合わせて葬儀をプランニングする「葬祭ディレクター」や、ご遺体を清めて白装束を整え、棺に納める「納棺師」などさまざまな職種があります。いずれの職種に就いても、死と直面することには変わりません。そのため、悲しんでいる遺族に寄り添い、真心を込めて仕事を全うできる人が向いています。

今後の発展

不況に強い

再就職しやすい

### うれしいこと

- 故人の冥福を祈りながら、故人を無事に見送ることができたとき
- 一日中、精一杯取り組んだ葬儀に対して、遺族から感謝されたとき

### 大変なこと

- 遺体の処置と向き合ったりするなど、精神面での強さが必要なこと
- 数日間、葬儀が終わるまで休めず、棺を運ぶときなど体力を使う

### 1日のスケジュール

| | |
|---|---|
| 8:30 | 葬儀・告別式の会場準備。弔電の預かりなどを行なう |
| 10:00 | 葬儀・告別式の開始。司会進行や遺族のサポートなど |
| 11:00 | 出棺。故人と最後のお別れ |
| 12:30 | 火葬のあと、遺族によるお骨上げ |
| 13:00 | 初七日法要・精進落としを行なう |
| 16:00 | 請求書作成などをして、退勤 |

※葬儀・告別式がある日の場合

### どうやったらなれるの？

高校や大学を卒業後、求人サイトなどから葬儀会社に応募する

▼

「納棺師」や「セレモニースタッフ」などに採用され、経験を積む

▼

葬儀全般に関わりたいのであれば「葬祭ディレクター」などに

◇ 資格は必要ないが、就職に有利な資格あり

◇「葬祭ディレクター技能審査」など

◇ 普通自動車免許は、斎場への送迎などに便利

### 基本DATA

給料

勤務先の会社規模にもよるが、月収19万円程度から

勤務形態

正社員の他、アルバイト・パートや派遣社員など

勤務場所

葬儀サービスを手掛ける葬儀会社。大手企業から中小企業まで、会社規模はさまざま

休日　不定期

ライフワークバランス

★★★☆☆

対人 ― 対物

体力 ― 知力

# 地域おこし協力隊員

地方で暮らして人と繋がり
地域に貢献する活動を行なう

「地域おこし協力隊」とは、人口減少などが顕著に進む地方で、都市地域からの移住者にさまざまな地域協力活動を行なってもらい、その地域への定住・定着を図る取り組みのことです。そのなかで、都市地域から地方に移住して、農業・漁業に従事したり、地域の魅力をPRしたりする人たちは「地域おこし協力隊員」と呼ばれています。地方を盛り上げるために、その地域の課題や目標を見つけて、自分で仕事をつくり出せる人に向いている職業です。

今後の発展 ○

不況に強い ×

再就職しやすい ×

## どうやったらなれるの？

市町村・都道府県のウェブサイトなどで募集情報を収集・応募

▼

地方自治体による選考・面接が行なわれて、採用が決定する

▼

「地域おこし協力隊員」として、活動する地方公共団体に移住

- ◇ 都市部以外の地方に住民票があれば応募不可
- ◇ 年齢や普通自動車免許などの必須要件を満たすこと
- ◇ 必須要件を満たしていない場合は要相談

## うれしいこと

- これまで培ってきたスキルを活かしながら、その地域に貢献できる
- 副業が可能な契約内容であれば、その他のやりたいことに挑戦が可能

## 大変なこと

- 指示待ちではなく、自分から仕事をつくり出さなければいけない
- 自治体によっては、経費の使い方などのルールが独特で戸惑う

## 1日のスケジュール

| | |
|---|---|
| 9:00 | 協力隊の活動スタート。自治体ウェブサイトのメンテナンス・管理 |
| 10:30 | 自治体広報の原稿を作成する。合間に打ち合わせも |
| 12:00 | SNSで情報収集しながら昼休憩 |
| 13:00 | 博物館で団体客の対応をする |
| 15:00 | 博物館のウェブサイトでブログを投稿 |
| 17:00 | 公立高校で学習支援後に帰宅 |

※公立博物館にも勤務する場合

## 基本DATA

**給料**
月給16万円程度から。家賃補助などがある自治体も

**勤務形態**
基本的には、一般職非常勤職員や特別職非常勤職員

**勤務場所**
市役所や支所・出向先、自宅（週1や月1で役場に出向き、活動報告などを行なう）

**休日** 応募条件による

**ライフワークバランス**
★★★★☆

対人 ― 対物

体力 ― 知力

# 地方公務員

## 地域の生活環境を整えて暮らしやすいまちをつくる

今後の発展 ×

不況に強い ○

再就職しやすい ×

地方公務員とは、各都道府県や市町村などの地方自治体で、住民の生活を支えるために働く職員のことです。さまざまな区分があり、「市役所や区役所などで働く職員」「公立学校で働く教育職員」「警察職員」「消防職員」など職種ごとに大きく分かれています。例えば、市役所の職員になると、「戸籍や健康、福祉、まちづくりなどの分野で、地域住民の生活を支えるために働くことを任せられるのです。民間企業経験者の採用を強化している自治体も多いことから、30代以降でも転職のチャンスは十分にあります。地方公務員は、いつでも公共のために働く必要があるので、「世の中や人の役に立ちたい」と思う人に向いている仕事です。また、3～5年ごとに異動があり、さまざまな職場を経験します。どのような部署へ異動になっても、前向きに取り組もうとする気持ちが必要です。

### どうやったらなれるの？

高校や専門学校、大学などを卒業。地方自治体独自の採用試験を受験する

▼

事務や建築、福祉などに試験区分が分かれた「地方公務員採用試験」に合格

▼

地方公務員として、区役所や保健福祉センターなどに勤務して、経験を積む

◇ 地方公務員試験に合格しなければならない

◇ 職種によっては専門資格を取得する必要あり

### うれしいこと

・出産・育児のための休暇が取りやすく、家庭と両立しやすい環境が整っている

・基本的に他の自治体への異動がなく、子育てなどの人生設計を立てやすい

### 大変なこと

・住民を代表して働く以上、責任が重く、大勢の了承を得ながら仕事をすること

・地震などの震災が起きたら、救護活動のために家族を残して出勤することも

### 基本DATA

**給料**

月収20万円程度から。各自治体が定める給料表による

**勤務形態**

常勤の「正規職員」や非正規雇用の「臨時職員」など

**勤務場所**

各都道府県県庁や各市・区役所、町・村役場、水道局、警察署、保健福祉センターなど

**休日** 勤務先による

**ライフワークバランス** ★★★★☆

対人 ―――――― 対物

体力 ―――――― 知力

### 1日のスケジュール

| | |
|---|---|
| 8:20 | 出勤。メールやスケジュールをチェックして業務開始 |
| 10:00 | 市民からの電話・窓口の応対など。老若男女、さまざまな人を対応するので、相手に合わせて丁寧に接する |
| 10:00 | 自分が担当している事業に関連する定例会議に出席 |
| 13:00 | 昼休憩を取ったあと、担当する地域イベントについて、進行状況や今後の日程などを外部の業者と打ち合わせ |
| 14:00 | 事務業務をこなしながら、市民からの問い合わせ対応 |
| 16:00 | 定例会議の内容をまとめて、上司にチェックしてもらう。17時に閉庁後、残りの事務作業を終えたら退勤 |

※市役所で働く場合

### 体験談

S・Sさん（20代）

住民の生活を支えている大きなやりがいを実感！

区役所の窓口で、主に市民対応を行なう「行政事務」を担当しています。窓口や電話では、市民の方からクレームを受けることも。しかし、周りの職員がサポートしてくれるため、1人で抱え込むことはありません。言動に注意しながら、適切に対応できれば、感謝の言葉をもらえることもあります。地方公務員は人々の生活の基盤を支えることができる、大きなやりがいを感じる仕事です。

## 年齢制限でNGなら、民間企業経験者枠へ

地方公務員試験は、将来の役割などによって「上級」「中級」「初級」の3区分に分けられています。どの区分を合格して地方公務員になるかで、昇進するスピードや役職が変わるのです。ただし、30代以降の転職だと、区分別に設けられた年齢制限により、受験できない可能性も。その場合は、59歳以下であればほとんど受験できる「民間企業等職務経験者枠」で試験を受けることが可能です。

## 女性が働きやすく、やりがいを感じやすい！

地方公務員の職場は、女性にとって働きやすい環境だといえます。勤務時間は一般的に「週38時間45分勤務」と定められ、基本的に週休2日制なので、しっかりと休める環境が整っているからです。また、産休や生理休暇など、女性にとってうれしい制度を利用することもできます。性別による、給料や昇格の差もありません。成果が給料に反映されやすく、やりがいを感じやすい仕事です。

## 「正規職員」と「非正規職員」で待遇は違う

女性でも働きやすい職場環境を期待できる地方公務員ですが、「非正規職員」になると「正規職員」と待遇格差を感じることがあります。非正規職員とは、契約社員やパート、派遣社員などの立場で働く職員のこと。非正規職員は、正規職員と比べて解雇されやすく、給料も低めだからです。安定した仕事を求めているのであれば、応募するときに雇用形態をしっかりと確認しましょう。

# 保険外交員

## ライフスタイルに合った保険商品の提案・販売！

△ 今後の発展
× 不況に強い
○ 再就職しやすい

保険会社に所属し、個人や企業を訪問して、保険のコンサルティングやサービスを提供するのが保険外交員です。チラシやパンフレットを使いながら、それぞれのライフスタイルに合わせた保険商品を紹介・勧誘・契約締結を行ないます。また、既存の顧客に対して、契約している保険内容の見直しや新商品の紹介、支払い漏れが起きていないかどうかなどのアフターケアを行なうのも仕事の1つです。あらゆる金融商品を扱うので、保険や資産運用、ローンの知識などを常に勉強し続けなければなりません。また、病気や死亡した場合に備え保険商品を探している人にはそのニーズを汲み取り、最適な商品を提案する必要があります。そのため、人とうまくコミュニケーションできる能力や社交性、営業するうえで必要となる粘り強さなどを持っている人が向いている仕事です。

### どうやったらなれるの？

高校や大学、専門学校を卒業後、生命保険会社に就職（大学卒のみの場合も）

▼

所定の研修を受けて、生命保険一般課程試験に合格。金融庁に「営業員」として登録後、勤務可能

▼

ファイナンシャルプランナーの資格を取得して、エリアマネージャーなどに昇格する人も

◇ 生命保険業界で統一の共通研修の受講が必要
◇ 受講・合格後は「営業員」として金融庁に登録

### うれしいこと

- 顧客との間に信頼関係が生まれて、提案した保険商品が選ばれたとき
- 女性が多く、子育て世代に手当てがあるなど女性にうれしい制度が充実している

### 大変なこと

- 低金利だと契約を取ることが難しく、ノルマを達成できず給料が下がることも
- 個人事業主の場合は、仕事で使う交通費や顧客に渡す粗品などは全て自腹

### 基本DATA

**給料**
月収20万円程度から。個人事業主の場合は完全歩合制

**勤務形態**
主に、正社員や契約社員、個人事業主（業務委託）

**勤務場所**
主に自社商品を販売する保険会社や、さまざまな保険会社の商品を扱う代理店、銀行

**休日**
不定期（顧客の都合に合わせる）

**ライフワークバランス**
★★☆☆☆

対人 ―――― 対物
体力 ―――― 知力

### 1日のスケジュール

**9:00** 出勤。朝礼で、連絡事項や顧客についての情報を共有

**9:30** ロールプレイング（営業員と顧客役になってシミュレーションすること）のあと、1日の流れを上司と相談

**10:00** アポイントを取った個人宅に訪問。最適なプランを作成

**12:00** 昼休み中の企業に訪問。社員に保険商品を案内するが、営業する時間が限られるため、要点だけを手短に

**14:00** 昼休憩。休憩後は、アポイントを取った個人宅に訪問

**16:00** 帰社。上司に成果を報告。上司と相談しながら、新たな設計書を練り直す。明日の準備をしたあとに退勤

※保険会社勤務の場合

### 体験談

H・Tさん（20代）

**プレッシャーは感じるが女性には働きやすい業界**

自分のペースが掴めるまでは、保険商品の内容など覚えることが多く、ノルマを達成しなければいけないプレッシャーもあるので大変でした。しかし、自分のペースが掴めるようになってからは、働きやすい環境だと感じるように。女性が多く、子どもが急な体調不良になったときなど理解があり、ある程度は融通がききます。福利厚生やサポートも充実しているので、女性には働きやすい業界です。

## ノルマ達成によって評価・給料がアップ

保険外交員は基本的に歩合制で、給料の上限がありません。ノルマを達成すれば社内での評価につながり、契約金額が大きくなるほど給料が上がる仕組みです。努力した分だけ成果がわかりやすく、大きな達成感を感じることができます。また、年功序列ではない業界のため、未経験でも評価を積み重ねることで役職が付くことも。実力主義でキャリアを積んでいきたい人にぴったりです。

## 確定申告が必要になる場合もあるので注意！

保険外交員は勤務形態によって、給料の支払われ方が異なるので注意が必要です。勤務形態は大きく分けると、正社員・契約社員・業務委託の3つです。正社員や契約社員、保険会社と業務委託契約を結ぶ個人事業主が、歩合制によって得た報酬は「給与」ではなく「事業所得」となります。そのため、正社員や契約社員でも、（基本給は「給与」として）確定申告しなければなりません。

## 本契約のほかに新人勧誘のノルマも?!

保険外交員は、知り合いの保険外交員に誘われて働き始める人がほとんどです。この業界は「月2～3件は契約を取る必要がある」などノルマの厳しさから入れ替わりが激しく、新しい外交員を常に求めています。そのため、本契約を結ぶノルマ以外にも、新しい外交員を勧誘して入社させるノルマもあるからです。評価を下げないための「新人勧誘ノルマ」があることも覚悟しましょう。

# ショールームアドバイザー

## クライアントと向き合い インテリアをアドバイス

ショールームアドバイザーとは、ショールームで商品の説明をしたり、クライアントからの質問に応えたりしながら、商品を案内する仕事です。クライアントの要望を聞き取り、インテリアのアドバイスをしつつ、内装や家具を提案します。キッチンなどの水回りの提案のために、図面や見積もりを作成することも。部屋づくりに関わるため、部屋の整理整頓やカラーコーディネートに興味がある人に向いています。全国に支店があれば、転居しても続けやすい仕事です。

△ 今後の発展

× 不況に強い

○ 再就職しやすい

### どうやったらなれるの？

ガスや電気などのメーカーやリフォーム会社、家具店などに就職

▼

ショールームアドバイザーとしてクライアントの相談に乗り、経験を積む

◇ 必須資格はないがいい印象を与える資格あり

◇「インテリアコーディネーター」の資格や整理収納のプロ「整理収納アドバイザー」など

### 基本DATA

**給料**

月収18万円程度から、クライアントが多いほど売上が伸びる

**勤務形態**

正社員、契約社員など。地域限定での採用が一般的

**勤務場所**

メーカーの展示場やリフォーム会社、家具店など。全国に支店があれば、転勤の可能性も

**休日**

週に1～2日（主に平日）

**ライフワークバランス**

★★★☆☆

対人 ―――――▼――――― 対物

体力 ―――――▼――――― 知力

### うれしいこと

・新築やリフォームなど、クライアントの一大イベントにおけるニーズを汲み取り、最適な商品を一緒に悩み、考えられること

### 大変なこと

・接客時間が長く、休憩が取りづらい。立ち仕事のためタフさが必要

・クライアントの来店が多い土日祝は、ほとんど休むことができない

### 似た名前の職業とは仕事内容が違うので注意！

「インテリアプランナー」や「インテリアデザイナー」などの似た名前の職業とは、業種や仕事内容などが異なります。たとえば、ショールームアドバイザーはサービス業である一方、インテリアプランナーは内装業、インテリアデザイナーはデザイン業です。

# キャリアカウンセラー・キャリアコンサルタント

## 幅広い知識と傾聴スキルが問われる

キャリアカウンセラーやキャリアコンサルタントは、就職に関する悩みや希望などを聞き出し適切なアドバイスをする仕事です。キャリアコンサルタントは国家資格ですが、資格取得が必ずしも就職につながるとは限りません。キャリアカウンセラーは無資格者でも名乗ることができます。学生からシニアまで、幅広い年齢を対象とすることがあるうえ、業種もさまざまなため、豊富な知識が必要です。また傾聴スキルも必須で、高いコミュニケーション能力も求められます。

今後の発展

不況に強い

再就職しやすい

### どうやったらなれるの？

企業に就職して人事部門で働いたり、人材派遣会社などに就職して経験を積む

▼

キャリアコンサルタントの資格を取得して企業に応募する

◇ キャリアコンサルタント（国家資格）

◇ キャリア・デベロップメント・アドバイザー（CDA）など

### 基本DATA

**給料**

月収18万円程度から

**勤務形態**

正社員や契約社員、有期契約の非常勤職員など

**勤務場所**

就活支援センター、学校、企業の人事課、派遣会社など

**休日**

土日祝日（就職先の休日に準じる

**ライフワークバランス**

★★★☆☆

対人 ・―――――――――・ 対物

体力 ・―――――――――・ 知力

### うれしいこと

- 相談者の「最初の一歩」「新しい一歩」に関わることができる
- 高い人気を獲得できれば、講師業などの新しい世界も開ける

### 大変なこと

- 相談者それぞれの状況が異なるので、アドバイスが難しい
- 仕事が安定せず、ワーキングプア状態に陥ることもある

### 1日のスケジュール

| | |
|---|---|
| 9:00 | 出勤 |
| 10:00 | 資料確認、相談を受ける |
| 12:00 | 昼休み |
| 14:00 | 相談を受ける、大学の場合は講師を務めることもある |
| 16:00 | 相談を受ける |
| 18:00 | 面談結果を入力するなどの事務作業 |

※キャリアカウンセラーの場合

# コールセンタースタッフ

## 問い合わせ受付の窓口として企業と顧客を結ぶ!

コールセンタースタッフとは、顧客からの問い合わせ受付窓口となるコールセンターで働く人のことです。主な業務内容は「カスタマーサポート（製品の使い方について問い合わせを受ける業務）」と「テレフォンアポインター（顧客に電話をかけて、商品の案内などを行なう業務）」の2つに分かれています。顧客と会話をしながら、その内容を記録に残していくため、人と話すことが好きで、スムーズにキーボード操作できる人が向いています。

今後の発展 ×
不況に強い △
再就職しやすい ○

### 体験談

自分のペースで働きやすいことが魅力!

M・Sさん（20代）

製品の問い合わせを受けるコールセンターで働いています。受付時間外だと、自動的にお客様からの電話を受けられない仕組みなので、残業がほとんどありません。プライベートの時間を確保しやすい仕事です。

### うれしいこと

- 顧客の困っていることを解決したときに、達成感を感じること
- 経験を積むことで、わかりやすく説明するスキルなどが上がること

### 大変なこと

- 顧客からのクレームや理不尽な問い合わせに対応する必要がある
- 新規契約などのノルマがあれば、それを達成するまでプレッシャー

### どうやったらなれるの?

コールセンタースタッフを募集する会社や派遣会社に応募・就職

▼

コミュニケーションやマナー、言葉遣いなどのスキルを上げる

▼

マネージメント力を養い、サブマネージャーやマネージャーにも

◇ 特別な資格は必要なし、未経験でも働ける

◇ ほとんどの会社では、業務に必要な研修あり（ビジネスマナーや個人情報保護の研修など）

### 基本DATA

**給料**

平均時給は1,200円程度で、早朝や夜間は時給が上がる

**勤務形態**

正社員のほかにも、パート・アルバイトや派遣社員など

**勤務場所**

出勤する場合は、コールセンターや企業のオフィス内など。在宅ワークで働く場合は自宅

**休日**

勤務先による。土日休みのコールセンターや働いているオペレーターの数が多ければ、土日祝も休みやすい

**ライフワークバランス**

★★★★☆

対人 ―――― 対物

体力 ―――― 知力

# 工場の製造スタッフ

経験なしでも採用されやすく
安定して働ける！

機械の部品作りや組み立て、食品製造などさまざまな工場に勤める製造スタッフ。どのような工場に勤めるかによって環境が変わってきます。清潔感があり、冷暖房完備であれば働きやすいですが、作るものの関係で室温が高かったり低かったりすると大変です。

出産～育児後の復帰も容易で長く勤められるのも魅力です。一方、毎日同じ作業をするのが苦痛な人には向いていません。専門知識が求められることはほとんどありませんが、資格があれば有利になることも。

今後の発展

不況に強い

再就職しやすい

## どうやったらなれるの？

求人のある企業に直接応募

または扱う機械を学ぶための専門学校や大学を出る

▼

メーカーに入り、そこから製造部門に配属される

◇ 就職先によっては資格が求められたり、資格があると有利になったりすることも

◇ フォークリフト運転技能者、アーク溶接作業者、ガス溶接技能者、電子機器組立了技能士など

## うれしいこと

- 託児所が併設されていることもあり、安心して働ける
- 職場復帰がしやすく、間口も広い傾向にある

## 大変なこと

- 工場の環境によって働きやすさが大きく異なる
- 立ちっぱなしでの検品作業などの場合、体力・精神ともに疲労する

## 1日のスケジュール

8:00 出勤。朝礼後、業務開始

10:00 業務

12:00 昼休み

13:00 業務

15:00 小休憩を挟んで業務

18:00 後片付けや報告のあと退勤

## 基本DATA

給料

月収15万円程度から

勤務形態

正社員・派遣社員・契約社員・パートなど

勤務場所

工場

休日

土日祝日

ライフワークバランス

★★★★☆

対人 ― 対物

体力 ― 知力

# 販売員・サービススタッフ

今後の発展 ×
不況に強い ×
再就職しやすい ○

## 顧客の嗜好に合わせて商品・サービスを提案する！

販売員・サービススタッフとは、スーパーやドラッグストア、ホームセンターなどの店舗で、商品を販売する仕事のことです。顧客に商品を勧めたりする接客やレジ打ち、品出しだけではなく、売り場のリーダーポジションなどの立場になれば、在庫管理や売り場のレイアウト決めを任されることもあります。ほとんどの場合、特別なスキルや資格は必要なく、未経験からでも応募可能な始めやすい仕事です。現場で働きながら、コミュニケーション能力やスタッフをまとめる能力を磨けば、営業や店長、マネージャーへのキャリアアップの道が開ける可能性があります。勤務時間のほとんどは、顧客と話す時間になるので、人の話をしっかりと聞くことができ、人との会話を前向きに楽しめる人に向いている仕事です。また、立ちっぱなしで品出しなどがあるため、体力も求められます。

### 基本DATA

**給料**
正社員は月収16万円程度、非正規は時給900円程度から

**勤務形態**
正社員や契約社員のほか、派遣社員やアルバイトなど

**勤務場所**
百貨店やアパレルショップ、雑貨店、スーパー、ドラッグストア、家電量販店、書店など

**休日** シフト制で週1〜2日

**ライフワークバランス**
★★☆☆☆

対人 ―――――― 対物
体力 ―――――― 知力

### どうやったらなれるの？

高校や大学などを卒業後（勤務先によっては大卒以上）、販売員として就職

▼

接客や先輩からの指導などを通して経験を積み、リーダーなどに昇格する

▼

エリアマネージャーやスーパーバイザーに昇格、本社へ異動して勤務する人も

◇ 資格は必要ないが、就職に有利な資格あり
◇ 販売力を証明する「販売士」の資格など

### うれしいこと

- リピーターの顧客と信頼関係が生まれ、頼りにされることがやりがいに
- たくさんの顧客と接するなかで、コミュニケーション能力を磨けること

### 大変なこと

- 売上目標やノルマのある店舗では、売上を達成するプレッシャーを感じる
- 顧客から直接クレームを言われる機会が多く、気持ちを切り替える力が必要

### 1日のスケジュール

- **8:30** 出勤。制服に着替えて、商品情報や本部の指示を確認
- **9:00** 清掃や品出しなど、開店に間に合うように準備。そのあと朝礼に参加して、スケジュール確認やあいさつを練習
- **10:00** 開店。顧客を出迎え、レジ打ちや接客など
- **14:00** 昼休憩を取ったあと、新商品が目立つように並び替えたり、棚のレイアウトを変更したりして売り場づくり
- **16:00** 商品の在庫を確認して、欠品が出ないように発注作業
- **18:00** 日報をまとめたり、シフト表を作成したりするなどの事務作業。遅番のスタッフに引き継ぎを行なってから退勤

※ドラッグストアで働く正社員の場合

### 体験談

K・Kさん（40代）

仕事内容がマッチすればお客様との交流が楽しい

ホームセンターのインテリア売り場で勤務しています。現場で実際に働いてみて感じるのは、販売員は「続く人」と「続かない人」がはっきりと分かれる仕事だということ。店内を駆け回る、重い商品を品出しするなど、体力が必要な場面もあるので、覚悟して就職したほうがいいでしょう。離職率の多い仕事ですが、向いている人であれば、お客様との交流が楽しく、やりがいを感じると思います。

## 年収を上げにくく、休日が不定期に

未経験からのキャリアアップを望める一方、基本給に成果報酬などが含まれていることの多い販売員は、年収を上げにくい仕事です。成果を年収に反映したい人は、満足できないかもしれません。また、接客相手は主に土日休みの人が対象なので、休日が不定期になりやすく、休日出勤になることも。家族と休日が合わないなどのデメリットもふまえて、応募するかどうかを決めましょう。

## 勤務先次第で、子育てしながら働ける！

休日が不定期になりやすい販売員ですが、子育てしながら働く女性は増えています。なぜなら、「育児と仕事を両立できるような社内制度」を設ける会社が増えているからです。例えば、結婚・出産後は、フルタイムの正社員からパートなどの時短勤務に雇用形態を変更できるようにしている会社も。応募時は、育児中でも働きやすい環境が整っているかどうかを確認しましょう。

## 長く続けたいのなら、好きな商品を扱う店で

大変なこともある販売員は、人によって向き・不向きがはっきりと分かれます。それでも、できるだけ長く続けたいのであれば、「好きなブランドの雑貨店」や「愛用しているブランドを扱うアパレルショップ」など、好きな商品を扱う店舗で働くことがおすすめです。そうすれば、仕事がつらく感じたときでも、商品を好きだと思う気持ちが続けていくモチベーションになるでしょう。

# 飲食店スタッフ（ホール）

## 未経験者OK、経験者優遇
## 需要のつきない業種

飲食店のホールスタッフは常に顧客と接することになる仕事です。注文を聞く、飲み物や料理を提供する、テーブルの片付けをするといった仕事が中心となりますが、顧客が快適に過ごせるための雰囲気や空間づくりにも携わります。決められた仕事をすることも大事ですが、笑顔や丁寧な受け答えなど、相手が心地よく感じるような接し方ができるかどうかで評価が変わってきます。

　未経験者でも採用されやすい業種ですが、経験者の場合は優遇される傾向にあります。また、食事を割引料金で食べることができたり、勤務時間の融通がききやすかったりといった点はメリットでしょう。高級レストランと大衆向けの飲食店の雰囲気が違うように、「どのようなお店で働くか」によって、必要とされる立ち居振る舞い、仕事の内容が変わってきます。

今後の発展

不況に強い

再就職しやすい

### 基本DATA

**給料**

月収20万円程度から

**勤務形態**

正社員、アルバイト、契約社員など

**勤務場所**

飲食店、レストランやホテルなど

**休日**

シフト制。一般的に週2日、土日祝日は休みにくい

**ライフワークバランス**

★★★★☆

対人 ←――――→ 対物

体力 ←――――→ 知力

### どうやったらなれるの？

スタッフを募集している飲食店に応募する

または飲食店を営む企業に正社員として採用される

またはホテルレストランスタッフ育成専門学校を卒業し、就職する

◇ 就職に有利な仕事あり。「レストランサービス技能士」や「ソムリエ」など

### うれしいこと

- 顧客の「おいしい」「楽しい」の表情を間近で見られる
- 自分の都合でシフトの希望を出せる

### 大変なこと

- クレーム対応などに心を削られることもある
- 働く店によっては、土日祝日に休むことが難しくなる

### 1日のスケジュール

10:00 出勤。清掃、テーブルセッティング

11:00 開店。接客業務

14:00 昼食(※昼食休憩は交代制)

15:00 接客業務

18:00 業務。合間に清掃などが含まれる場合も

22:00 後片付け、清掃、申し送り事項の作成。退勤

※レストランでフルタイム勤務の場合

### 体験談

**M・Nさん(30代)**

**常連さんと顔なじみに**

いつも同じ時間帯に出勤していると、常連さんと顔なじみになることもあります。退職時に「新天地でもがんばって」とプレゼントを頂きました。人の温かさに触れることができるのがこの仕事の魅力です。反面、理不尽なクレームなどが上がってくることもあり、対応に苦慮したこともありました。お店や勤務時間などによって、快適に仕事できるかどうかが大きく変わってくると感じました。

## 土日祝日は休みにくい

飲食店スタッフ(ホール)の仕事は、「どのような勤務形態か」でライフワークバランスが異なります。アルバイトの場合は比較的自由が利き、家庭の用事などで休みも取りやすいのですが、正社員の場合はアルバイトの穴を埋めなければならず、自分の時間が確保しにくいこともあります。忙しい土日祝日は基本的に休むことは難しいでしょう。残業などが求められることもあります。

## 人間関係が広がる

日常的に多くの人と接することになります。顔なじみのお客様ができやすく、好意的な言葉をかけてもらえることもよくあります。また他のスタッフとの連携を図ることが必須であるため、職場の仲間とのコミュニケーションの機会も必然的に増えます。人間関係が広がるのも大きなメリットです。一方で、性格が合わないなどにより人間関係の悩みが生まれることもあります。

## クレームに対応が必要

飲食店スタッフ(ホール)には、クレームに対応する力が求められます。中には理不尽に思えるクレームもあり、頭を悩ませる人もいます。特に正社員として働く場合は、アルバイトのミスなどに対しての責任も負わなければならないこともあり、ケースによっては指示を出すだけでなく直接謝罪をすることもあります。この意味でも、対人スキルがとても大切な職業です。

# ネイリスト

## オーダーに合わせて指先を美しく整える技術職

~~今後の発展~~
~~不況に強い~~
再就職しやすい（○）

指先をの手入れをし、顧客のオーダーに合わせて爪のカラーリングやアートデザインを行なうのがネイリストです。爪先を美しく整えるためには技術が必要で、ネイルアート（爪にデザインを施すこと）、リペアー（傷んだ爪の補修や修復をすること）などの技術を習得する必要があります。1人あたり2～3時間対応することもあるため、長い時間でも集中力を保つことができる人が向いています。また、手先の器用さや対人能力も必要な仕事です。

### どうやったらなれるの？

ネイルスクールや専門学校に通って、基本的な技術を身につける

▼

ネイルサロンや美容院などに就職して、ネイリストの経験を積む

▼

培った経験を活かして、フリーのネイリストや講師になることも

◇ 資格は必須ではないが、応募資格となっていることが多い。
◇ 「JNECネイリスト技能検定」「JNAジェルネイル技能検定」「ネイルスペシャリスト技能検定」など

### 基本DATA

**給料**
正社員は月収15万円程度

**勤務形態**
正社員や契約社員の他、独立開業すれば経営者に

**勤務場所**
ネイルサロンや美容室、結婚式場、自宅の他、店舗を持たずに顧客先に出向くことも

**休日** 週1～2日（主に平日）

**ライフワークバランス**
★★★★☆

対人 ―――――― 対物
体力 ―――――― 知力

### うれしいこと

・爪先を整えることで、綺麗になりたいお客様に喜んでもらえる
・高い技術を身につけることで年収アップや昇格を見込めることも

### 大変なこと

・施術に集中しながら、顧客に合わせた会話を心がけること
・一人前になるまでは練習に時間が取られて、収入も低め

### 1日のスケジュール

| | |
|---|---|
| 9:15 | 出勤。材料の補充や予約客の確認、清掃をする |
| 10:00 | サロンオープン。顧客への施術の他、電話の応対も |
| 12:00 | 自分の予約枠以外で昼休憩に |
| 13:00 | 予約枠を中心に施術再開する |
| 18:30 | 遅番への引き継ぎと明日の予約確認 |
| 19:00 | 退勤後、技術の練習を行なう |

※ネイルサロンで働く場合

# エステティシャン

## 顧客を美しくする美のプロフェッショナル！

痩身や脱毛、美白、リラクゼーションなど、髪以外の全身に美容技術を施してケアするのがエステティシャンです。顧客の悩みや体質に合わせた施術を行なうため、広範囲におよぶ美容知識や技術、教養を身につける必要があります。顧客の美をサポートするために、美容や健康に対する意識が高く、美に対する努力を怠らない人が向いています。エステティシャンの国家資格はないため、美容に関する勉強をすれば、就きやすい職業です。

今後の発展

~~不況に強い~~

再就職しやすい

### うれしいこと

- 顧客が理想の姿に近づいていくなかで、感謝の言葉をもらえる
- 顧客との会話で美容の知識が増えていき、成長につながる

### 大変なこと

- 前かがみの姿勢や立ちっぱなしなどで、腰や足に負担を感じやすい
- 常に顧客との距離が近い分、こまやかな気配りが求められる

### どうやったらなれるの？

エステティシャン養成学校や美容専門学校で、美容の基礎を学ぶ

▼

エステティックやリラクゼーション、ホテル内などのサロンに就職

▼

サロンで経験と知識を積み、フリーとして独立開業する人も

◇ 民間資格を取得すれば、信用度が高くなる

◇ 日本エステティック協会では民間資格を発行。「AJESTHE認定エステティシャン」など

### 基本DATA

**給料**

月収18万円程度。歩合制であれば、指名で給料アップ

**勤務形態**

正社員、契約社員、派遣社員など。独立開業する人も

**勤務場所**

エステティックサロンや化粧品メーカー、美容室、ホテル内のブライダルサロンなど

**休日** 週1～2日（主に平日）

**ライフワークバランス**

★★★★☆

対人 ―▼――――――――― 対物

体力 ――▼―――――――― 知力

### 1日のスケジュール

| | |
|---|---|
| 9:00 | 出勤。サロン内を清掃後、当日の予約内容を確認 |
| 9:30 | ミーティングで、予約内容・注意事項を共有する |
| 10:00 | サロンオープン。最初の顧客を案内 |
| 11:30 | 予約状況に合わせて施術や片付け |
| 13:30 | スタッフが交代して休憩に入る |
| 19:00 | クローズ。清掃などし、退勤 |

※サロン勤務の場合

# スポーツインストラクター

## マネージャーやコーチとして正しい運動の仕方を教える！

スポーツを楽しみたい人のために、正しいトレーニング方法を教えたり、運動プログラムを作成したりするのがスポーツインストラクターです。教える運動の種類は、「エアロビクス」や「水泳」などの若者向けのものだけではなく、「運動サポート」など高齢者向けのものまでさまざまです。そのため、スポーツに関する幅広い知識が求められます。利用者が気持ちよく運動できるように、いつでも笑顔でコミュニケーションできる人が向いている仕事です。

今後の発展

不況に強い ×

再就職しやすい

### 基本DATA

**給料**

月収18万円程度から。勤務先や勤務形態によって異なる

**勤務形態**

正社員や契約社員、パート・アルバイト、フリーランス

**勤務場所**

スポーツジムやフィットネスクラブのほか、病院や老人介護施設、保健福祉施設など

**休日** 不定期

**ライフワークバランス**

★★★★☆

対人 ←―――――――――→ 対物

体力 ←―――――――――→ 知力

### どうやったらなれるの？

体育・健康科学系の学部・学科で、スポーツ運動学などを学ぶ

▼

講習会を受講して、各種のスポーツインストラクターの認定試験に合格

▼

「健康運動指導士」などの認定を受け、スポーツクラブなどに就職

◇ 資格は必要ないが、就職に有利な資格あり

◇「健康運動指導士」「健康運動実践指導者」「NSCA認定パーソナルトレーナー」など

### うれしいこと

- 指導を行なうことで、利用者に運動の楽しさを伝えることができる
- 妊娠・育児後は、その経験を活かしてママや親子向けに教えられる

### 大変なこと

- ダンスなどの激しい動きの指導では、身体に大きな負担がかかる
- 赤ちゃんの発育のことを考えると、妊娠中は仕事を続けにくい

### 1日のスケジュール

| | |
|---|---|
| 8:00 | 出勤。オープンに向けて、情報共有や準備を行なう |
| 9:00 | オープン。午前中に2コマ程度のレッスンを実施 |
| 12:00 | 昼休憩。身体をしっかりと休める |
| 13:00 | 夕方のピーク前に事務作業をする |
| 15:00 | パーソナルトレーニングを実施 |
| 21:00 | 自分自身のトレーニング後、退勤 |

※フィットネスクラブに勤務する場合

# ヨガインストラクター

## ヨガの学びを深めながら ヨガの楽しさを伝える！

生徒にヨガの正しい実践方法を教える仕事です。人によって効果を感じやすいヨガのポーズは違うため、ヨガインストラクターは生徒の状態やレベル感に合わせて、レッスン計画を作成していきます。それをもとにヨガを教え、ヨガの上達や心身の状態をサポートしていくのです。ヨガではポーズを取りながら呼吸法を実践しますが、その姿をお手本として生徒に見せなければいけません。そのため、ヨガの知識・技術を探求していける人に向いています。

今後の発展

不況に強い

再就職しやすい

### どうやったらなれるの？

ヨガスタジオなどに就職。ヨガインストラクターとして経験を積む

または、ヨガインストラクター養成講座を受講

▼

ヨガスタジオなどに勤務するか、フリーのヨガインストラクターに

◇ 統一された資格はないが、各団体独自の資格あり

◇ 資格取得で、就職で有利になりやすい

◇ もっともベーシックな資格は「RYT200」など

### 基本DATA

**給料**

駆け出しのインストラクターの場合、時給2,500〜3,000円程度

**勤務形態**

正社員やアルバイト・パート、派遣社員、フリーランス

**勤務場所**

ヨガスタジオやスポーツジム、フィットネスクラブ、地域のカルチャースクールなど

**休日**

勤務形態による。フリーの場合は不定期

**ライフワークバランス**

★★★★☆

対人 ―― 対物

体力 ―― 知力

### うれしいこと

- 自分自身が魅力を感じるヨガの素晴らしさを広めることができる
- ヨガを教えた生徒の健康状態や心の状態がよくなる姿を見れる

### 大変なこと

- 一日中、お手本のポーズを見せるために動くので体力が必要
- そもそも求人は少なく、資格取得後も必ず就職できるとは限らない

### 1日のスケジュール

| | |
|---|---|
| 10:00 | レッスン前にストレッチ。1日のレッスン内容を考える |
| 11:00 | オンラインレッスン開始。レッスン後、軽めの昼ご飯 |
| 14:00 | ヨガスタジオへ。レッスンの準備 |
| 15:00 | 初心者向けクラスのレッスン |
| 16:30 | 中級者向けクラスのレッスン |
| 18:30 | レッスン後、退勤 |

※フリーのヨガインストラクターの場合

# ウエディングプランナー

## 人の幸せをかたちにする仕事
## 提案力と礼儀正しさが重要

ウエディングプランナーはブライダルコーディネーターとも呼ばれます。結婚式を考えているカップルに対して、結婚式から披露宴、二次会に至るまでのアドバイスや企画の立案を行ないます。結婚式全体を統括し、当日は進行の役割も担います。

近年注目されているのが、従来の形式にとらわれないオリジナリティ溢れる結婚式。カップルの潜在的な希望を聞き出すことも大事ですが、こちらからアイデアを出して思い出に残る式をつくることも重要です。

今後の発展 ×

不況に強い ×

再就職しやすい △

### どうやったらなれるの？

ブライダル専門学校を卒業して、ブライダル関係の職場に就職する

資格を取得してホテルや結婚式場に就職する

▼

ホテルや結婚式場に就職して、経験を元にカップルを担当する

◇ 就職の際に資格が求められることが多い

◇「ブライダルプランナー検定」「アシスタント・ブライダル・コーディネーター検定」「IWPAウエディングプランナー」など

### うれしいこと

- 結婚するカップルの幸せのお手伝いができ、笑顔が見られて感謝もされやすい
- コミュニケーション能力を活かすことができ、マナーも身につく

### 大変なこと

- ホテルなどの場合、ブライダル部門に配属される保証がない
- 1日に複数の結婚式を担当する日などは非常に忙しい

### 基本DATA

**給料**

月収25万円程度。年齢や勤務実績で少しずつ上がっていく

**勤務形態**

正社員や契約社員

**勤務場所**

ブライダルプロデュース会社・結婚式場・ホテルなど

**休日**

交代制で週に2回

**ライフワークバランス**

★★★★☆

対人 ――――― 対物

体力 ――――― 知力

### 1日のスケジュール

| | |
|---|---|
| 8:00 | 出勤。挙式の4時間ほど前に会場に入り、資料の確認 |
| 10:00 | 新郎新婦を迎える |
| 12:00 | ゲストに受付や親族控え室の案内をする。挙式開始 |
| 14:00 | 披露宴の最中は主に新婦のサポートを行なう |
| 16:00 | ゲストの見送り |
| 18:00 | 他のカップルの打ち合わせや事務処理 |

※結婚式場勤務の場合

# ライター

## リサーチした情報を読みやすい文章にまとめる

今後の発展 / 不況に強い / 再就職しやすい

ライターとは、取材や資料収集によって知り得た情報を文章にまとめる仕事です。雑誌や書籍、フリーペーパー、ウェブサイトに掲載される記事を執筆します。現場でインタビューや写真撮影をすることもあるので、文章力だけではなく、好奇心や対話能力、撮影スキルが求められます。また、経験豊富なライターのなかには、構成などの編集業務を任される人もいます。特別な資格は必要なく、未経験でも文章力があれば仕事を得やすいでしょう。

### どうやったらなれるの？

大学や短大、専門学校で文芸学や社会学、マスコミ学などを学ぶ

▼

出版社や編集プロダクション、ウェブ制作会社に就職して経験を積む

▼

ライティングのスペシャリストとして、独立してフリーランスになることも

◇ 文章力を伸ばす「文章読解・作成能力検定」、推敲の質を上げる「日本漢字能力検定」、著作権違反がわかる「ビジネス著作権検定」など

### 基本DATA

**給料**

社員は月収18万円程度から、フリーは仕事内容次第

**勤務形態**

制作会社の正社員や契約社員、独立してフリーに

**勤務場所**

フリーライターの場合は自宅が多い、会社員の場合は出版社や編集プロダクションなど

**休日**

不定期。締め切り前は休日勤務があることも

**ライフワークバランス**

★★☆☆☆

対人 ―――――― 対物

体力 ―――――― 知力

### うれしいこと

- ゼロから執筆して作り出した制作物を多くの人に読んでもらえる
- 取材以外は自宅でできる仕事のため、結婚・出産後も続けやすい

### 大変なこと

- 締め切りの近い案件を複数抱えると、働き方がハードになりやすい
- 誤字脱字や誤情報を掲載しないよう、確認を徹底する必要がある

### 1日のスケジュール

| | |
|---|---|
| 10:00 | クライアントへのメール対応。詳細を確認後、返信する |
| 10:30 | 早めに対応する記事を執筆して、編集者に原稿を送る |
| 12:30 | 午後の取材に備えて資料を再読 |
| 13:30 | 取材とインタビュー写真を撮影 |
| 15:30 | 取材終了。簡単な構成をまとめる |
| 17:30 | メール返信後に業務終了、帰宅 |

※フリーライターの場合

# イラストレーター

## 表現豊かなイラストで思いやアイデアを世の中に伝える

雑誌などの紙媒体の表紙イラストや挿絵だけではなく、商品パッケージや宣伝ポスター、ウェブサイトなどに掲載するイラストを描くのがイラストレーターです。色彩感覚に優れ、個性的な絵を描ける人が向いています。また、依頼通りにイラストを納品する必要があるため、要望に対して臨機応変に応えられるタフさや器用さが必要です。在宅でもできることから結婚・出産後も続けられますが、イラストレーターの収入だけで生活できる人は限られています。

今後の発展 ✕

不況に強い ◯

再就職しやすい ◯

### どうやったらなれるの?

美術系の大学や専門学校で、基本的な絵の技術をしっかりと学ぶ

▼

ゲーム会社や広告制作会社、デザイン事務所などに就職

▼

イラストレーターとしての経験と実績を積んだあと、フリーランスに

◇ 必須資格はないが、就職で有利になる資格あり

◇ 「Photoshop®クリエイター能力認定試験」「色彩検定」「カラーコーディネーター検定」など

### 基本DATA

**給料**

社員は月収18万円程度から、フリーは仕事内容次第

**勤務形態**

フリーとして活動する人が多いが、正社員になる人も

**勤務場所**

自宅や広告代理店、デザイン事務所だけではなく、ゲーム会社やアプリ開発メーカーなど

**休日** 不定期

**ライフワークバランス**

★★☆☆☆

対人 ー 対物

体力 ー 知力

### うれしいこと

- イラストを描くことが好きな人は、好きなことを仕事にできる
- 描いたイラストが世の中に出て、人の心を動かすことができる

### 大変なこと

- 自分の好みではなく、クライアントの要望に沿った絵を描く必要がある
- 子育て中は集中できる時間が限られるため、仕事が減ってしまうことも

### 1日のスケジュール

| | |
|---|---|
| 9:00 | 出勤。前日までに届いたメールや急用の仕事をチェック |
| 10:00 | 社内ミーティング。イラスト制作のため要望などを確認 |
| 10:30 | ラフ案制作。最終デザインを決定 |
| 13:00 | 昼休憩。SNSで過去作の評判を確認 |
| 14:00 | 指定されたイラスト制作を進める |
| 20:00 | デザインの打ち合わせ後に退勤 |

※デザイン事務所などに勤務の場合

# ウェブデザイナー

## スキルありなら重宝される
## 在宅ワークが可能な場合も

ウェブデザイナーは、ウェブサイトのデザインを行なう仕事です。「ウェブデザイナー」と言っても、実際にはデザインだけでなく、コーディングスキルやHTMLの知識などが求められることもあります。複数のスキルがあるならば重宝されるでしょう。クライアントやチーム内でのやり取りが必要なためコミュニケーション能力も求められますが、パソコンやデザインソフトがあれば、在宅ワークが可能な場合も。経験を積んだあとにフリーランスとして独立できる可能性もあります。

今後の発展

不況に強い

再就職しやすい

### どうやったらなれるの？

ウェブデザインの専門学校を出て就職する

または美大などを出て就職する

または情報学科などを出て就職する

◇ 必須資格はないが、就職で有利になる資格あり

◇ 「ウェブデザイン技能検定」（国家資格）

◇ 「HTML5プロフェッショナル認定試験」「Webクリエイター能力認定試験」など

### うれしいこと

- 自分の作製したデザインが高評価を得るのがうれしい
- 勉強した知識や自分のセンスを思う存分活かせる

### 大変なこと

- 流行のデザインや進化するソフトに対応しなければならない
- 短期での納品が求められるうえに、給料が安くて残業が多い

### 基本DATA

給料

社員の場合は月収17万円程度から

勤務形態

正社員や契約社員、フリーランスなど

勤務場所

デザイン事務所、ウェブ制作会社、自宅、自分の事務所など

休日

土日祝日が多いが、勤務先や勤務形態、リテイクの発生などで異なる

ライフワークバランス

★★★☆☆

対人 ―――― 対物

体力 ―――― 知力

### 1日のスケジュール

10:00 出勤。メールの確認

12:00 制作作業、昼食休憩は一定ではないことが多い

14:00 ミーティング

16:00 制作作業

18:00 制作作業

20:00 仕事の進捗具合によって、残業になることも

# 司会者

今後の発展

不況に強い

再就職しやすい

## 臨機応変に対応しながら イベントの進行を司る！

イベントや舞台、大規模な会議などの進行を担当するのが司会者です。活躍できる場面は多く、結婚式や葬式、表彰式や竣工式など式典の司会を任されることもあります。司会者はイベントの趣旨などを把握したうえで、場の雰囲気をつくりながら、スケジュール通りに進行していく仕事です。ただし、本番当日は何が起こるかわかりません。そのため、ゲストに配慮したりするだけではなく、臨機応変に判断できるスキルが求められています。

### どうやったらなれるの？

大学や短大で言語学などを学んだり、司会者養成スクールやアナウンススクールで学ぶと有利

▼

ブライダル会社。または司会者事務所に所属

▼

経験を積んでから、独立してフリーに

◇ 必須資格はないが、就職で有利な資格あり

◇ 民間資格の「アナウンス検定」など

### うれしいこと

- 結婚式などの晴れ舞台で、記憶に残る思い出づくりに協力できる
- 責任が大きい分、主催者やゲストから心から感謝されることが多い

### 大変なこと

- 失敗できない場面で、プレッシャーを抱えながら場を仕切ること
- 予定時間内に終わらせるため時間をやりくりしながら進行すること

### 1日のスケジュール

9:00 仕事開始。発声練習の他、イベントプログラムを確認

10:30 イベント会場へと移動。会場で担当者と最終打ち合わせ

12:30 イベント開始。イベントを進行

15:00 イベント終了。来場者に退場を促す

15:30 イベント担当者にあいさつして撤収、休憩

17:30 別のイベントの打ち合わせに

18:00 仕事終了。帰宅して翌日の準備

※イベントの司会をする日の場合

### 基本DATA

**給料**

ブライダル司会者の場合、1件あたり1～8万円程度

**勤務形態**

イベント運営会社の正社員や、フリーとして業務委託

**勤務場所**

結婚式や式典などを行なうイベント会場、会議を行なう企業、葬儀会場など

**休日** 不定期

**ライフワークバランス**

★★★☆☆

対人 ―――――― 対物

体力 ―――――― 知力

# バスガイド

「楽しい旅」をサポート！
臨時雇用制度もあり

今後の発展 △

不況に強い ×

再就職しやすい ×

観光バスで旅行客に観光地の案内をするのが、バスガイドの役目です。そのため、観光地に関する勉強を欠かさずに行なう必要があります。またレクリエーションを行なったり、観光地で案内と解説を行なったりすることもあります。揺れるバス内で進行方向後ろ向きに、立ちっぱなしで説明をしなければならないうえ、心配りも必須となる職業ですが、多くの人との出会いがある仕事でやりがいがあります。行楽シーズンのみの臨時雇用制度をとっている企業もあります。

## どうやったらなれるの？

高校卒業以上の学歴で、観光バス会社に就職

または観光系の専門学校を出て、観光バス会社に就職

または臨時バスガイドの求人広告に応募して採用される

◇ 必須資格はないが、就職で有利になる資格あり

◇「国内旅程管理主任者」「日本旅行地理検定」「TOEIC」など

## うれしいこと

- 旅行客の「知らなかった!」や「楽しい!」を身近で見られる
- 季節折々の風景を味わうことができる

## 大変なこと

- 体力も知力も求められ、土日祝日の休みも取れない
- 旅行客とのコミュニケーションに頭を悩まされることもある

## 1日のスケジュール

| | |
|---|---|
| 8:00 | 旅行客の出迎え。注意点のアナウンスを行なう |
| 10:00 | 観光地へ移動、車内及び観光地でのガイド |
| 12:00 | 昼食。旅行客と一緒にとることもある |
| 14:00 | 観光地へ移動、車内及び観光地でのガイド |
| 16:00 | 観光地へ移動、車内及び観光地でのガイド |
| 18:00 | 車内清掃・報告・翌日の準備 |

### 基本DATA

給料

月収16万円程度から

勤務形態

正社員・契約社員・臨時雇用

勤務場所

バス内及び観光地

休日

週1～2日(主に平日)

ライフワークバランス

★★☆☆☆

対人 ―――― 対物

体力 ―――― 知力

# 左官職人

## 「塗り」の技術によって建物の壁や床などを作る！

今後の発展

不況に強い

再就職しやすい

建設現場で、鏝（こて）を使い、建物の壁や床などを塗り上げるのが左官（さかん）職人です。体力よりも技術力が求められるので、男性よりも筋力・体力がないとされる女性でも活躍しやすいでしょう。内装・外構工事の最後の仕上げ作業を手掛け、スピードよりも完成度の高さが求められる仕事です。そのため、技術を高めることに喜びを感じる職人気質の人が向いています。また、同じ動作を何度も繰り返すので、単純作業を続けられる根気が必要です。

### どうやったらなれるの？

左官業務を扱う工務店などに就職。または、左官職人に弟子入り

▼

見習いとして雑用をこなしながら、技術力やセンスを磨いていく

▼

独立して工務店の立ち上げや、一人親方として仕事を請け負う人も

◇ 特別な資格や学歴は必要なく、未経験でも可

◇ 転職・独立には十分な技術があることを証明

◇ 技術を客観的に証明できる「左官技能士」

### 基本DATA

**給料**

日当制の会社が多い、見習いで日当8,000円程度から

**勤務形態**

主に、左官業を手掛ける会社の正社員やアルバイト

**勤務場所**

左官工事を手掛ける会社（左官業専門の工事会社やリフォーム会社、外構工事会社など）

**休日** 不定期

**ライフワークバランス**

★★★☆☆

対人 ―――― 対物

体力 ―――― 知力

### うれしいこと

- 最終工程を担当し、建築物を仕上げる喜びを感じることができる
- 一人前になるには約10年かかると言われ、1つの道を極める面白さがある

### 大変なこと

- 騒音などが少ない作業のため、工期が迫ると夜間作業になることも
- セメント袋を担ぐ、ミキサーで撹拌するなどの肉体労働がある

### 1日のスケジュール

| | |
|---|---|
| 6:00 | 資材置場に集合。点呼後、作業現場に向けて出発する |
| 7:00 | 現場に到着。工事内容を確認して、作業の準備を行なう |
| 8:00 | 作業開始。材料を練り合わせる。 |
| 12:00 | 昼休憩。昼食後に仮眠し体力回復 |
| 13:00 | 用意した材料を使い、塗り作業 |
| 17:00 | 後片付けしたあとに直接帰宅 |

※住宅施工現場で働く場合

# 配達員

## 預かった大切な荷物を迅速かつ安全に届ける!

今後の発展
不況に強い
再就職しやすい

個人宅や店舗、企業などに、郵便物や配送品を配達するのが配達員です。個人宅に荷物を配達・集荷するだけでなく、決まったエリア内の契約店舗などに配送を行う「ルート配送」を行なうことも。トラックやワンボックスカー、バイクなどを使って配達するため、それぞれ必要となる免許の種類は変わります。荷物の積み下ろしなどがあるため、体力に自信があり、指定時間までに安全かつ丁寧に荷物を運ぼうとする責任感のある人が向いている仕事です。

### どうやったらなれるの?

普通自動車免許を取得(AT車限定ではなく、MT車免許所持)

▼

宅配便配達会社、運送会社などに就職して、配達員の経験を積む

- ◇ 特別な資格は必要なく、未経験でも応募可能
- ◇ 最低限、普通自動車免許は必要となる
- ◇ 使うトラックにより、中型免許などを取得

### うれしいこと

- 配達・集荷先で交流があり、荷物を受け取った人から感謝される
- 積載量に合わせて求められるスキルは高くなり、収入が上がる

### 大変なこと

- 渋滞などが起きても、指定時間までに配送するプレッシャーがある
- 荷物の積み下ろしや長時間運転など、身体的な負担を感じやすい

### 基本DATA

**給料**
月給13万円程度から。月給+歩合制の会社もある

**勤務形態**
正社員や契約社員、派遣社員、パート・アルバイトなど

**勤務場所**
郵便局や運送会社の他、スーパーマーケットなど宅配サービスを展開する会社

**休日** 不定期

**ライフワークバランス**
★★☆☆☆

対人 ―――――――――― 対物

体力 ―――――――――― 知力

### 1日のスケジュール

| | |
|---|---|
| 8:30 | 出勤。準備体操や情報共有をしたあと、トラック点検 |
| 8:50 | 積み込み作業開始。各トラックに荷物を積み込んでいく |
| 9:40 | 午前中に20~30件程度を配達する |
| 12:30 | 帰着。午後の荷物を積み、昼休憩 |
| 14:00 | 午後は40~60件程度を配達する |
| 18:30 | 帰着。事務作業をしたあとに退勤 |

※個人宅配を行なう場合

# トラックドライバー

## トラックで指定時間までに荷物を安全に配達する！

トラックを運転して、指定された時間と場所に品物を運ぶ仕事です。扱うトラックの種類は数多くあり、小型トラックや普通トラック、大型トラックなどがあります。また、宅配便だけではなく、ガソリンをはじめとした危険物など、搬送する品物の種類もさまざまです。勤務時間は不規則で夜通し運転することもあるため、体力のある人が向いています。時間通りに荷物を安全に届けるプレッシャーがかかることから、ストレスを溜め込まないことも重要です。

### どうやったらなれるの？

普通自動車免許を取得後、物流会社や運送会社などに就職する

▼

扱うトラックを増やすため、中型自動車免許や大型自動車免許などを取得

▼

牽引車・トレーラーを運転する場合は牽引免許を取得する

◇「普通自動車運転免許」は必須資格

◇「準中型自動車免許」「中型自動車免許」「大型自動車免許」

◇「牽引免許」「フォークリフト免許」など

今後の発展

不況に強い

再就職しやすい

### うれしいこと

- 時間までに荷物を届けられれば、勤務時間をコントロールしやすい
- あらゆる搬送先があるため、普段は出向くことのない地域に行ける

### 大変なこと

- 早朝や深夜から搬送する必要があり、睡眠時間を確保しづらい
- 積み下ろし作業があるときは、体力面でつらさを感じることも

### 1日のスケジュール

| | |
|---|---|
| 5:00 | 出勤。アルコール検査と点呼、車両点検を行なう |
| 5:30 | 前日に荷物を積み込んだトラックで、搬送先に出発 |
| 9:00 | 搬送先に到着。荷物を積み下ろし |
| 10:30 | 完了したら、次の搬送先へと出発 |
| 12:00 | 時間に余裕があるときに昼休憩 |
| 16:30 | 会社に戻り、翌日の荷物を積み込む。退勤 |

※大型トラックドライバーの場合

### 基本DATA

**給料**

月収33万円程度から。固定給+歩合、完全歩合制など

**勤務形態**

正社員や契約社員、派遣社員、下請けとして自営業など

**勤務場所**

物流会社や運送会社など。下請けとして自営業の場合、トラックは持ち込みになることも

**休日** 不定期

**ライフワークバランス**

★★☆☆☆

対人 ———————▼——— 対物

体力 —▼————————— 知力

# タクシードライバー

## 乗客を乗せて目的地まで安全に送り届ける

タクシードライバーとは、タクシーを運転して、乗客を目的地まで送り届ける仕事です。深夜労働に関する規制の緩和や、女性ならではの丁寧な運転・接客がサービス向上に繋がることから、女性ドライバーも数多く採用されています。接客業でもあるので、運転が好きなだけではなく、乗客を気遣える人が向いている仕事です。また、乗客ごとに目的地は違うため、トラブルにならないように、その地域の地理や交通事情に詳しくなければなりません。

今後の発展 ✕

不況に強い

再就職しやすい

### どうやったらなれるの?

普通自動車免許を取得し、3年以上の運転経験を積む

▼

21歳以上で教習を受けて、普通自動車第二種免許を取得する

▼

タクシー会社に就職。独立して、個人タクシー事業者になる人も

◇「普通自動車免許」の取得と3年以上の運転経験、「普通自動車第二種免許」が必要

### 基本DATA

給料

基本給+固定給、または完全歩合制など。勤務先による

勤務形態

法人タクシーは正社員、個人タクシーは個人事業主

勤務場所

法人タクシーの場合はタクシー会社、個人タクシーの場合は運輸局が管轄しているエリア

休日　週2日

ライフワークバランス

★★★☆☆

対人 ―――― 対物

体力 ―――― 知力

### うれしいこと

- 子育て中でも、都合に合わせて勤務時間や休日を調整しやすい
- ほぼ歩合制のため、乗客をたくさん乗せることで給料が上がる

### 大変なこと

- 出勤日と休日を交互に繰り返す隔日勤務で、1回の勤務時間が長い
- 夜間など泥酔した乗客への対応で、精神的に疲れを感じることも

### 1日のスケジュール

| | |
|---|---|
| 6:30 | 出勤。アルコール検査と健康状態を確認したら車両点検 |
| 7:30 | 点呼と朝礼。朝礼では、連絡事項の確認や声出しなど |
| 8:00 | 営業開始。12時頃に昼休憩を挟む |
| 13:30 | 営業再開。16時頃に休憩 |
| 25:30 | 営業終了。車庫へ戻る |
| 26:30 | 営業報告や洗車をし、退勤 |

※タクシー会社で働く場合

職種

# 営業職

今後の発展

不況に強い

再就職しやすい

## 自社の商品・サービスを提案して利益を生み出す

自社で扱う商品・サービスを顧客に売り込み、契約に繋げるのが営業職です。新規開拓型営業やルート営業型、窓口営業型など、取り扱う商品によって、さまざまな営業方法があります。顧客に提案する資料は、客先回りなどをしている営業職の代わりに、事務代行などの後方支援を行なう「営業アシスタント」が作成することも。ノルマに追われ、顧客からのクレーム対応の窓口になることも多いので、気持ちをうまく切り替えられる人に向いている仕事です。

### どうやったらなれるの？

高校や専門学校、大学などを卒業（学歴　不問とする会社もあり）

▼

商社や保険、金融、不動産などの業界で募集している営業職に応募、就職

▼

営業部に配属。営業企画などを経験したのち、独立する人も

◇ 働くために、特別な学歴や資格は必要なし
◇ 海外との取引には英語力が必要となる場合も
◇ 勤務先によって専門的な資格を求められる

### 基本DATA

**給料**

月収20万円程度から。インセンティブが付くことも

**勤務形態**

一般的には、正社員として雇用されることが多め

**勤務場所**

一般企業。商社や保険、不動産、IT、医薬品、人材サービスなどの業界における営業部

**休日**　土 ロ 祝 ロ

**ライフワークバランス**

★★★☆☆

対人 ―――――――― 対物

体力 ―――――――― 知力

### うれしいこと

- 子育てのために時短勤務となっても、営業アシスタントとして活躍しやすい
- インセンティブにより、成果が上がった分だけ収入UPを期待できる

### 大変なこと

- 顧客の都合で予定が入るので、子育てには家族のサポートが必要
- ノルマを達成するプレッシャーを感じながら、売り込んでいくこと

### 1日のスケジュール

| | |
|---|---|
| 8:20 | 出勤。昨日の成果を整理し、今日の業務内容を確認 |
| 8:30 | 社内の清掃。朝礼とミーティングに参加する |
| 9:00 | 営業スタート。新規顧客を開拓 |
| 11:00 | 訪問に必要となる資料をまとめる |
| 13:00 | 昼休憩のあと、客先に訪問する |
| 18:00 | 帰社。実績を報告したあと退勤 |

※メーカー企業で働く場合

職種

# 総務職

## 会社を円滑に回すため事務作業の全般を担う！

今後の発展

不況に強い

再就職しやすい

総務職とは、会社を運営するために必要な業務全般を担当します。例えば、電話・来客応対や郵便物の仕分け、機器・備品管理のほか、社内イベントの企画・運営をしたり、取締役会や株主総会の事務局などを担当したりします。総務職は幅広い業務に対応する必要があり、そのなかで社内外の人と円滑にやり取りすることが求められる仕事です。業務をスピーディに遂行する力やコミュニケーション能力などを持つ人が向いています。

### どうやったらなれるの？

高校や専門学校、大学などを卒業後、正社員として企業に就職

または総務の経験を活かし、派遣社員や契約社員として企業に就職

▼

総合職や総務職として、総務部に配属され、経験を積む

◇ 必須資格はないが、就職に有利な資格はあり

◇「衛生管理者」は総務で役立つ基本的な資格。他にも「社会保険労務士」などがある

### 基本DATA

給料

月収21万円程度から。管理職になれば給料アップも

勤務形態

正社員のほか、派遣社員や契約社員として働く人が多い

勤務場所

一般企業。欠員補充のための中途採用では、総務として即戦力となる人が求められている

休日　土日祝日

ライフワークバランス

★★★★☆

対人　対物

体力　知力

### うれしいこと

- デスクワーク中心で残業が少なく、結婚・出産後も続けやすいこと
- 労務や経理、人事など、幅広い知識とスキルを身につけられる

### 大変なこと

- 会社運営に必要な業務全般を担当。仕事量の多さを痛感しやすい
- 雑用を任されることが多く、モチベーションを維持しにくいことも

### 1日のスケジュール

8:20 出勤。メールチェック後、朝礼やミーティングに参加

9:00 郵便物の仕分け作業や、社内で使用する備品を発注

13:00 昼休憩のあと、書類を整理する

14:30 依頼された福利厚生関連の手続き

15:30 来客の応対・取り次ぎ

17:00 備品を発注したあと退勤

※一般企業で働く場合

職種

# 経理職

## お金の流れを数値化して 会社のお金を正確に管理

今後の発展
- 不況に強い
- 再就職しやすい

経理職とは、会社を運営するお金を管理して、経営者や利害関係者に会社の状況を報告する仕事のことです。「出納業務（現金や預金、小切手の管理などを行なうこと）」や「会計業務（会社が行なった取引を記録すること）」のほかにも、従業員の給与や社会保険料の計算、法人税などの計算・納付などを行ないます。利益や経費などの数字を正確に記録する必要があるため、物事を正確に処理できる能力が高く、責任感のある人に向いています。

### どうやったらなれるの？

高校や専門学校、大学などを卒業後、簿記検定試験2級に合格すると有利

▼

企業に就職。経理部に配属されたあと、経理職としての経験を積む

▼

公認会計士の資格を取って、公認会計士として働く人も

◇ 資格は必要ないが、就職に有利な資格はあり

◇ 簿記の基礎知識を証明する「簿記検定2級」

◇「電子会計実務検定」「IFRS検定（国際会計基準検定）」など

### 基本DATA

**給料**

月収18万円程度から。勤務先の会社規模などによる

**勤務形態**

正社員のほか、派遣社員や契約社員として働く人も多い

**勤務場所**

一般企業。企業から経理業務を委託された監査法人や経理代行サービス会社なども

**休日** 土日祝日

**ライフワークバランス**

★★★☆☆

対人 ―――――――――▼―――― 対物

体力 ――――――――――――▼ 知力

### うれしいこと

- 全国的に需要があり、定時退勤もしやすく、結婚後も働きやすい
- 経理として専門的な知識・スキルが身につくため、転職しやすい

### 大変なこと

- 同じ作業が多く、キャリアアップを望む場合は満足できないことも
- 決算期など業務量が多い繁忙期にも、集中して作業する必要がある

### 1日のスケジュール

| | |
|---|---|
| 9:00 | 出勤。メールチェックしたあと、出納管理や起票・整理 |
| 13:00 | 昼休憩のあと、社内で使う小口現金の準備のため銀行へ |
| 14:00 | 経費清算やデータ入力・集計業務 |
| 16:00 | 給与計算について人事と相談する |
| 16:30 | 新規取引先の情報収集や与信調査 |
| 17:00 | 書類発送など事務処理のあと退勤 |

※メーカー企業で働く場合

職種

# 企画職・マーケティング職

ターゲット市場を分析し
売れる仕組みをつくる!

売上アップや企業のイメージアップのために、市場や消費者のニーズを分析して、消費者の心をつかむ企画を立案するのが企画職です。企画職の種類には「商品企画」「宣伝・広告企画」「営業企画」などがあります。企画を立てる前に、市場調査などのマーケティング活動を行なうことから、企画職をマーケティング職とみなす企業も。新たな企画を生み出すための発想力や好奇心の旺盛さだけではなく、コミュニケーション能力が求められる仕事です。

## どうやったらなれるの?

高校や専門学校、大学などを卒業後、企業に正社員として就職

▼

営業職などを経験。自社商品の理解や消費者のニーズを把握する

▼

マーケティング部や販売企画部に配属されたあと、経験を積む

◇ 資格は必要ないが、就職に有利な資格はあり
◇「商品プランナー」や「商品開発士」など
◇ IT・インターネットの知識なども役立つ

## うれしいこと

- 商品の企画・マーケティングに、出産育児の経験を活かせることも
- 大勢と関わり、あらゆる価値観に触れるなかで人として成長できる

## 大変なこと

- 会議が長時間に及ぶケースがあり、妊娠中はつらいことも
- 担当した商品が売れなければ、大きなプレッシャーを感じることも

## 1日のスケジュール

| | |
|---|---|
| 9:00 | 出勤。メールチェック後、ネットでトレンドなどを探る |
| 10:00 | メーカーからの営業に対応したあと、チーム会議に参加 |
| 11:30 | 企画書が完成したら昼休憩を取る |
| 13:00 | 企画会議や試食会に参加する |
| 16:30 | 販促会議に参加。広告などを相談 |
| 17:00 | 分析したデータをまとめて退勤 |

※食品メーカー勤務の商品企画の場合

## 基本DATA

**給料**
月収20万円程度から。経験などにより大きく異なる

**勤務形態**
正社員や派遣社員など。中途採用は、経験者がほとんど

**勤務場所**
一般企業。商品企画の場合、日用品や化粧品、文具、食品などを取り扱うメーカーなど

**休日** 土日祝日

**ライフワークバランス**
★★☆☆☆

対人 ―――――――― 対物

体力 ―――――――― 知力

今後の発展

不況に強い

再就職しやすい

職種

# 広報

## 企業情報を発信することで企業と社会を良好に繋ぐ！

今後の発展

不況に強い ✕

再就職しやすい ✕

広報とは、企業のイメージアップのために、自社の商品・サービス、ブランドを発信する仕事です。例えば、テレビ・雑誌などのメディアに対応したり、報道関係者向けのプレスリリースを作成したりします。そのような社外への対応だけではなく、「社内報」の制作など、社内向けの情報発信も仕事のひとつです。文章を書く機会や締切のある仕事が多いため、国語力だけではなく、綿密にスケジュールを立て、効率的に進められる能力が求められます。

### どうやったらなれるの？

高校や大学などを卒業し、一般企業に総合職として就職する

または、広報業務専門のPR会社に就職。広報として経験を積む

▼

企業の広報部に配属される、または、中小企業の広報職に応募

- ◇ 資格は必要ないが、就職に有利な資格あり
- ◇「PRプランナー資格認定制度」など
- ◇ 業界の知識や文章力、人脈なども就職に有利

### 基本DATA

給料

月収20万円程度から。会社規模や実力によって異なる

勤務形態

正社員や派遣社員など。総合職が選ばれることが多い

勤務場所

一般企業や団体。すべての企業に存在するわけではないが、ほとんどの上場企業には存在

休日 土日祝日

ライフワークバランス

★★★☆☆

対人 ―――――――― 対物

体力 ―――――――― 知力

### うれしいこと

- マスコミ関係者など社外の人とも関わるので、人脈が広がりやすい
- 突発的な仕事もあるが、チームを組んで働ければ家庭とも両立可能

### 大変なこと

- 世の中に広まる情報を扱うため、誤記載などのミスが許されない
- 不祥事などの問題が起これば、企業の窓口として対応が求められる

### 1日のスケジュール

| | |
|---|---|
| 9:00 | 出勤。新聞や雑誌で、業界動向などを情報収集する |
| 10:00 | PRするメディアの選定やプレスリリースの検討を行なう |
| 11:30 | 広報企画の承認をもらい、昼休憩 |
| 13:00 | 発信するプレスリリースを作成 |
| 15:00 | 広告会議の参加や自社のSNSを運用 |
| 17:00 | 問い合わせ対応などをし、退勤 |

※中小企業で働く場合

職種

# 秘書

## 臨機応変に対応しながら多忙な人物をサポートする

今後の発展

不況に強い

再就職しやすい

多忙な上司が本業の仕事に専念できるよう、上司の業務を適切にサポートしていくのが秘書です。具体的には、上司のスケジュール管理や上司宛ての電話・メールへの対応、出張するときの宿泊先などの手配、上司の名前で出す社内文書の作成、ファイリングなどを担当します。業務内容は多岐にわたり、効率的にこなすことが求められる仕事です。そのため、急な予定変更などがあっても、機転を利かせながら、臨機応変に対応できる人が向いています。

### どうやったらなれるの？

大学や短大、専門学校に在学中、秘書技能検定試験1級に合格すると有利

▼

一般企業や各種法律事務所などに就職。事務職などの経験を積む

▼

秘書室などに異動。秘書として、役員クラスをサポートしていく

◇ 必須資格はないが、就職で有利となる資格あり

◇ 「秘書技能検定1級」「CBS（国際秘書検定）」など

### うれしいこと

- 急な予定変更に対応していくうちに、事務処理能力が向上する
- 高度なビジネスマナーが身につき、議員秘書へのスキルアップも

### 大変なこと

- 経験のない業務でも、できる方法を考えて冷静に対応していくこと
- サポートする人とペースが合わなければ、秘書を外される可能性も

### 1日のスケジュール

| | |
|---|---|
| 7:00 | 出勤。メールチェックや1日のスケジュールを確認する |
| 8:00 | 出社した上司に、今日のスケジュールを漏れなく伝える |
| 9:00 | 始業。来客対応や郵便物の処理 |
| 13:30 | 昼休憩後、書類作成・手配など |
| 15:30 | 上司と業務内容の打ち合わせ |
| 18:00 | 残務処理をすべて終えたら退勤 |

※一般企業で重役をサポートする場合

### 基本DATA

**給料**

月収18万円程度から。外資系企業では給料が高め

**勤務形態**

正社員や契約社員、派遣社員、パート・アルバイトなど

**勤務場所**

一般企業や病院、法律事務所、官庁、研究所、大使館など、あらゆる業種で活躍できる

**休日** 土日祝日

**ライフワークバランス**

★★★★☆

対人 ←→ 対物

体力 ←→ 知力

# 困ったときの制度・相談窓口

お金や仕事に関する困りごとは1人で抱えず、相談することが大事です。行政が定めている制度や相談窓口をまとめました。

## 生活の困りごと

### とにかく生活が苦しい。どこに相談すればいい？

**生活全般にわたる困りごとに対応するための制度として「生活困窮者自立支援制度」があります。生活に困窮し、生活保護を受ける状況に追い込まれている人が自立した生活を送れるように行政が中心となって支援していますので、該当するようであれば問い合わせてください。**

#### ● 自立相談支援事業

相談者の抱える悩みや課題などをヒアリングして現状を把握し、自立した生活が送れるように支援します。

#### ● 住居確保給付金の支給

離職などにより住居を失った、または失うおそれの高い人に対し、就労活動の実施などを条件に家賃相当額を支給。住環境を整えた上で、就職に向けた支援が行なわれます。

※一定の資産収入等に関する要件を満たしている人が対象です。

#### ● 就労準備支援事業

「社会復帰が不安」、「コミュニケーションが苦手」など、すぐに就労が困難な人に6カ月から1年の間、プログラムにそって、一般就労に向けた基礎能力を養いながら就労に向けた支援や就労機会を提供します。

※一定の資産収入に関する要件を満たしている人が対象です。

#### ● 家計改善支援事業

家計状況を可視化することで根本的な課題を把握し、自ら家計を管理できるように、状況に応じた支援計画の作成、相談支援、関係機関へのつなぎ、必要に応じて貸付の斡旋等を行ない、早期の生活再生の支援を行ないます。

#### ● 就労訓練事業

すぐに一般就労が難しい人に対し、その人に合った作業機会を提供しながら、個別の就労支援プログラムに基づき、一般就労に向けた支援を中・長期的に実施します。

#### ● 生活困窮世帯の子どもの学習・生活支援事業

子どもの学習支援をはじめ、日常的な生活習慣、交友が持てる居場所づくり、進学支援、高校進学者の中退防止に関する支援など、子どもと保護者の双方に必要な支援を実施します。

※一定の資産収入に関する要件を満たしている人が対象です。

#### ● 一時生活支援事業

住居をもたない人、または不安定な住居形態にある人に、一定期間、宿泊場所や衣食を提供。退所後の生活に向けて就労支援などの自立支援も実施します。

相談窓口 各市区町村の窓口

https://www.mhlw.go.jp/content/000707280.pdf

# 仕事の困りごと

## 失業したら「失業給付」の手続きを！

**「雇用保険」は、働く人の生活や雇用の安定を図るとともに、再就職の援助を行なうことなどを目的とした制度です。離職後は倒産・自己都合など理由を問わず、雇用保険の「失業給付（基本手当）」を受け取ることができます。離職前2年間に被保険者期間が通算12カ月以上あることが要件で、倒産など会社都合の場合は、離職前1年間に被保険者期間が通算6カ月以上あれば受給できます。**

**対象者**　社長・役員・個人事業主、及びその家族以外の労働者で、
パートタイムなども一定の基準満たせば該当します

**支給額**　離職時の給与額や年齢などで決まります
一般的には離職前の給与のおよそ50％～80％（60～64歳は45％～80％）です

**支給期間**　失業給付の支給を受けることができる日数は、離職の日における年齢、
雇用保険の被保険者であった期間及び離職の理由などによって決定されます
支給開始までは、通常申請から約3カ月、解雇などの場合は約7日間です
支給期間は、原則として離職した日の翌日から1年間

**申請先**　居住地を管轄するハローワーク

**必要書類**　離職票、マイナンバーカード、身分証明書、印鑑、写真、通帳など

## 理由があってすぐには働けない。失業給付を延長できる？

**失業給付は離職日の翌日から1年以内しか受けられず、受給開始が遅れて支給期限を迎えると、はみ出した分は支給されなくなります。理由があってすぐに働けない場合、それを避けるために「受給期間の延長申請」を行ないましょう。正当な理由で30日以上働けない場合は、最大で3年、受給期間が延長できます。**

**対象者**　疾病で療養中、妊娠・出産、育児中(3歳未満)、親族などの介護が必要な人、
定年後(65歳未満)で休養後に再就職を希望している人

**支給額**　本来受給できる失業給付と同額

**申請先**　居住地を管轄するハローワーク

**必要書類**　受給期間延長申請書(ハローワークで受け取る)、離職票、
母子手帳、診断書など

# 年金・保険の困りごと

## 年金を前倒しで受け取れる？

**「老齢年金」は老齢基礎年金と老齢厚生年金に分かれており、ともに60歳以上なら繰り上げて受給できます。ただし、1カ月繰り上げるごとに0.5%減額され、その金額（支給額）は生涯続きますので注意してください。**

対象者　国民年金保険料を10年以上納付し、
65歳で受給権が発生する人

年金額　● 老齢基礎年金
6万5,075円（満額の場合の月額）
● 老齢厚生年金
22万496円（夫婦2人の老齢基礎年金を含む標準的な月額）
※いずれも毎年変動。厚生労働省プレスリリース2021年1月発表より

申請先　年金事務所、年金相談センター

必要書類　「老齢厚生年金・老齢基礎年金支給繰上げ請求書」、
戸籍謄本・戸籍の記載事項証明書・住民票・
住民票記載事項証明書のいずれか、および預金通帳または
金融機関口座がわかるもの、印鑑

## 夫を亡くしたときに受給できる年金って？

**死亡した人（夫）が被保険者の場合、国民年金保険料納付済期間が加入期間の3分の2以上、老齢基礎年金の受給資格期間が25年以上あることなどを条件に「遺族基礎年金」を請求できることがあります。**

対象者　死亡した人によって生計を維持されていた子のある配偶者または子
※この場合の子とは、18歳になった年度の末日までの子、
あるいは20歳未満で障害年金の障害等1級または2級の子を指します。

年金額　78万900円＋子の加算（年額）
● 第1子・第2子　各22万4,700円（年額）
● 第3子以降　各7万4,900円（年額）

申請先　年金事務所、市区町村の年金窓口、年金相談センター

必要書類　死亡した人の除籍謄本と住民票の除票、年金手帳、
請求者の家族全員の戸籍謄本、請求者の世帯全員の
住民票と収入証明、死亡診断書、通帳の写し、印鑑

## 家族の介護や入院の付き添いで仕事を休みたい！

**家族の介護のために休暇が必要な場合は「介護休暇制度」を利用しましょう。従業員が家族の介護や通院の付き添い、介護サービスを受けるための事務手続き等を行う際、事業主に申し出ることで年次有給休暇と別扱いの休暇が得られます。**

**対象者**　日雇い雇用を除く入社後6カ月以上の労働者
正社員以外のパートやアルバイト、派遣社員や契約社員も対象です

**休暇取得日数**　1日または時間単位で休暇取得が可能

- 対象家族が1人の場合は年に5回まで
- 対象家族が2人の場合は年に10回まで

※ただし条件によっては無給になる場合があります

## 介護のために休業した場合に給付を受けられる？

**介護によって休業している間の収入確保及び、介護休業の取得しやすさを目的に「介護休業給付」が創設されています。休業して家族の介護を行なっている雇用保険の被保険者で「介護休業前の2年間に賃金支払い基礎日数が11日以上ある月が12カ月以上であること」、「同一事業主のもとで1年以上雇用が継続していること」などが条件になります。なお、申請は原則事業主が行ないます。**

**対象者**　要介護の家族を介護するために休業した、雇用保険の被保険者

**支給額**　原則として休業開始前に受けていた平均賃金の67%が給付されます

**支給期間**　3回を上限に分割取得が可能で通算93日まで

# 出産・子育ての困りごと

## 妊婦がわかったら、まずどうすればいい？

**妊娠は保険の適応外であり、自己負担が大きいことから「妊婦検診費用の助成」が行なわれています。住民票のある自治体に妊娠届を提出すると、母子健康手帳などと一緒に妊婦健康診査受診票を交付。この受診票を検診時に提出することで、約14回の妊婦検診が無料または一部負担で受けられます。**

**対象者**　住民票のある市区町村に妊娠を届けた人

**申請先**　住民票のある市区町村

## 子育ての悩みを相談したい!

**各自治体には、子育ての相談にのってくれる窓口が設置されていることがほとんどです。曜日や時間が決まっていたり、予約制のこともあるので確認してから行くようにしましょう。役所のほか、地域の子育て支援センターでも相談することができます。**

相談窓口　各市区町村の窓口
乳幼児の発育や影響に関する悩みは地域の保健所に相談可能

## 子どもを預かってくれるところはある?

**仕事で子どものお迎えに行けない、一時的に預かってほしいといったときには、各自治体の「ファミリー・サポート」を利用できます。ファミリー・サポートは、子育ての手伝いをしてくれる「協力会員」と、頼みたい「依頼会員」がそれぞれファミリー・サポートの会の会員となり、地域で助け合う制度です。**

対象者　生後6カ月から小学6年生までの子どもを養育している人
※子どもの対象年齢は各自治体によって変わります

利用料　1時間あたり600～800円程度 ※曜日や時間帯、各自治体によって変わります

相談窓口　各自治体のファミリー・サポート・センター(子育て援助活動支援事業)
説明会への参加が必要な場合もある

## 不妊治療費が高額! 何か助成はある?

**保険適用外である不妊治療の金銭負担を軽減するために、各都道府県では「特定不妊治療費助成制度」が創設されています。また、今後、公的医療保険の適用も検討されています。**

対象者　妻の年齢が43歳未満の夫婦

助成額
- 1回30万円
- 助成回数は1子ごとに6回まで(妻の年齢が40歳以上43歳未満は3回)

申請先　各自治体

必要書類　特定不妊治療費助成申請書・特定不妊治療費助成事業受診等証明書
(書式は各自治体配布)、住民票の写し、戸籍全部事項証明、
医療機関の領収書など。夫が助成の対象となる手術を行なった場合は、
精巣内精子生検採取法等受診等証明書

# 医療費の困りごと

## 高額になった医療費の負担を減らしたい！

**「高額療養費制度」は、高額になった医療費の負担を減らす制度です。医療機関や薬局で支払った額が自己負担限度額を超えた場合、超えた金額を申請により支給します。医療費の自己負担限度額は、70歳以上か70歳未満か、所得によっても変わります。1人の窓口負担では上限を越えなくても同じ医療保険に加入している家族分を1カ月単位で合算できる「世帯合算」があり、さらに負担が軽くなることもあります。**

対象者　1カ月の医療費が自己負担限度額を超えた人
※月をまたいで治療した場合は、支払った額を合算することはできません

支給額　窓口で支払った医療費の自己負担額のうち限度額を超えた分

申請先　国民健康保険は居住地の市区町村
健康保険組合は協会けんぽなど、それぞれが加入する組合

必要書類　高額医療費支給申請書、預金通帳の写し、印鑑、
場合によっては医療機関の領収書

## 医療費が10万円を超えた場合は税金の還付が受けられる！

**1月1日から12月31日までの1年間に支払った医療費が10万円または総所得額の5%を超える場合は「医療費控除」が受けられます。**

対象者　本人だけでなく、配偶者と子の医療費も含まれます。生計を同じくする家族であれば、異なる健康保険に加入している場合でも合算できます

助成額　「1年間に支払った医療費」－「保険金等補填される金額」
－「10万円または所得金額の5%に所得税率をかけた金額」

申請先　医療費の領収書から「医療費控除の明細書」を作成し、確定申告書に添付して所轄税務署に提出するか、インターネット（e-Tax）で申告します

## ひとり親家庭の医療費の助成を受けたい！

**ひとり親に対する医療費の助成制度として「ひとり親家庭等医療費助成制度」があります。助成内容は自治体によって異なりますが、一般的には医療費の自己負担金の一部または全部が助成されます。**

対象者　ひとり親家庭の父もしくは母。両親がいない児童を養育している人で、公的医療保険に加入し、かつ生活保護を受けていないことが条件です

申請先　住民票を登録している市町村の福祉事務所、自治体の福祉課

必要書類　健康保険証、戸籍謄本、所得証明書など

「お金」監修　**大竹のり子**

(株)エフピーウーマン代表取締役。ファイナンシャルプランナー。出版社の編集者を経て、女性のためのお金の総合クリニック「エフピーウーマン」を設立。講演やメディア出演のほか「お金の教養スクール」の運営を通じて正しいお金の知識を学ぶことの大切さを発信している。『なぜかお金に困らない女性の習慣』(大和書房)、『老後に破産しないお金の話』(成美堂出版)などお金の分野での著書は50冊以上に及ぶ。
https://www.fpwoman.co.jp/

「仕事」監修　**相田良子**

スイッチプレス代表。キャリアコンサルタント。4人の子育てが一段落した40代に、7回転職したパートタイム経験を活かすべくキャリアカウンセラーとなる。高校生からシニア世代までの就職支援・女性の再就職セミナー講師も務める。現在は,経営者と社員の橋渡し役としても活動。著書『年齢であきらめない!女性の転職5つのヒント』(Kindole版)。
https://switch-press.com/

STAFF

| | |
|---|---|
| 装丁 | 坂川朱音 |
| 本文デザイン | 坂川朱音+田中斐子(朱猫堂) |
| 編集協力 | 明道聡子(リブラ舎) |
| 執筆協力 | 林佐絵、門司智子、流石香織、吉田匡和 |
| イラスト | 村山宇希 |
| 校正 | 関根志野、曽根歩 |

女性のための
お金《かね》の不安《ふあん》、仕事《しごと》のもやもや相談《そうだん》BOOK

| | |
|---|---|
| 監修 | 大竹のり子、相田良子 |
| 編著 | 朝日新聞出版 |
| 発行者 | 橋田真琴 |
| 発行所 | 朝日新聞出版<br>〒104-8011 東京都中央区築地5-3-2<br>電話 (03)5541-8996(編集)<br>(03)5540-7793(販売) |
| 印刷所 | 図書印刷株式会社 |


ISBN　978-4-02-334048-0

定価はカバーに表示してあります。
落丁・乱丁の場合は弊社業務部(電話03-5540-7800)へご連絡ください。
送料弊社負担にてお取り替えいたします。